네이티브만 아는

진짜 영어 100

네이티브만 아는
진짜영어 100

초판 5쇄 발행 2023년 5월 4일

지은이 이시원
펴낸곳 (주)에스제이더블유인터내셔널
펴낸이 양홍걸 이시원

홈페이지 www.siwonschool.com
주소 서울시 영등포구 국회대로74길 12 시원스쿨
교재 구입 문의 02)2014-8151
고객센터 02)6409-0878

ISBN 979-11-6150-335-6 13740
Number 1-010101-03031207-06

이 책은 저작권법에 따라 보호받는 저작물이므로 무단복제와 무단전재를 금합니다. 이 책 내용의 전부 또는 일부를 이용하려면 반드시 저작권자와 ㈜에스제이더블유인터내셔널의 서면 동의를 받아야 합니다.

네이티브만 아는 진짜 영어 100

수많은 구독자가 열광하는
문법 밖 영어회화

구슬 지음

시원스쿨닷컴

저자의 말

"넌 너무 말을 직설적으로 해."

제가 처음 미국에 갔을 때 지겹도록 들은 말입니다.

분명 문법적으로 틀린 것도 없고,
딱히 무례하게 이야기한 것도 없는데
왜 저는 직설적이라는 말을 많이 들었을까요?

오랜 미국 생활과 강사 생활을 하며 뼈저리게 느낀 건
아무리 단어를 많이 외우고 문법을 완벽히 알아도
평소 자주 쓰이는 기본 표현들의
정확한 뉘앙스나 활용법을 모르면
자칫 상대방을 배려하지 않는 직설적인 사람처럼
보여질 수 있다는 거예요.

"진짜 네이티브처럼 말하는 법을 알려드릴게요."

이 책은 같은 말을 해도 기분 나쁘지 않게 돌려 말하는 법,
문법상 틀린 건 아닌데 네이티브는 쓰지 않는 어색한 표현들,
단순히 말만 통하는 것 이상으로 네이티브와 소통하는 법 등
문법만 공부하면서는 몰랐던 다양한 표현들을 알려드릴 거예요.

'아, 점심을 먹자고 할 때 eat 대신 grab을 쓰면 더 자연스럽구나.'처럼
모든 챕터에서 Aha moment(깨달음의 순간)를 드릴 수 있도록
네이티브들이 매일 쓰는 표현들만 엄선했습니다.

여러분은 저처럼 직설적이고 어색한 영어를 하지 않도록,
네이티브처럼 자연스러운 영어를 하실 수 있도록
제 마음을 가득 담아 여러분께 이 책을 바칩니다.

구슬 드림

사랑하는 나의 엄마, 아빠.
I couldn't have done it without you.
Thank you for everything.

이 책의 구성

구슬쌤의 음성 강의

구슬쌤의 친절하고 명료한 음성 강의를 들으면서 이번 Lesson에서 배울 내용을 보다 확실하게 학습해 보세요.

틀린 영어 VS 네이티브 영어

우리가 몰랐던, 또는 오해했던 영어 표현을 네이티브 영어와 한눈에 비교해서 확인합니다.

네이티브 영어 학습하기

이번 Lesson의 핵심 내용을 학습해 보세요. 선생님이 직접 설명해주는 듯한 말투로 이해가 쏙쏙! 네이티브처럼 더 자연스러운 표현을 말할 수 있게 됩니다.

Lesson 3
많이 먹으라고 할 때
"많이 먹어."는
영어로 뭐라고 할까?
틀린 영어
Eat a lot.
네이티브 영어
Help yourself.
VS
눈치 보지 말고 편히 음식을 양껏 먹으라고 할 땐
yourself.가 더 자연스러워요. 더 공손하게 말하고
help yourself.라고 하면 되죠. 우리가 외래어를 쓰
도 프랑스어나 스페인어를 종종 사용하는데, 맛있게
랑스어인 Bon appétit.를 쓰기도 하니 참고하세요.
22 네이티브만 아는 진짜 영어 100

Lesson 내용 뜯어보기

배운 내용을 명료한 정리와 함께 실제 쓰이는 예문과 대화문으로 뜯어봅니다. 네이티브들은 이 표현으로 어떻게 말하는지 확인하면서 MP3로 원어민 음성까지 들어보세요.

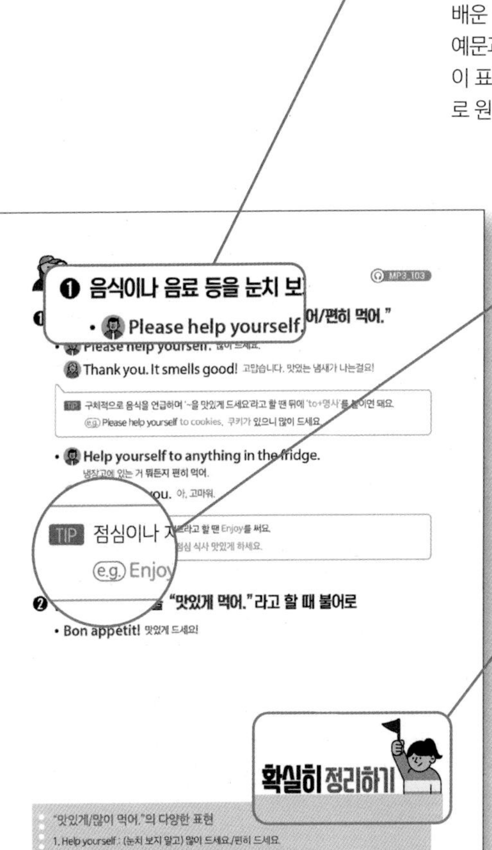

❶ 음식이나 음료 등을 눈치 보
• Please help yourself.
MP3_103
Thank you. It smells good! 고맙습니다. 맛있는 냄새가 나는걸요!
Help yourself to anything in the fridge.
냉장고에 있는 거 뭐든지 편히 먹어.
TIP 점심이나 ⋯
(e.g.) Enjoy
❷ "맛있게 먹어."라고 할 때 불어로
• Bon appétit! 맛있게 드세요!
확실히 정리하기
"맛있게/많이 먹어."의 다양한 표현
1. Help yourself : (눈치 보지 말고) 많이 드세요./편히 드세요.
2. Help yourself to+음식: ~ 맛있게/많이 드세요
3. 불어로는 Bon appétit! (맛있게 드세요!)
CHAPTER 1 한국인에게 익숙한 영어 VS 자연스러운 네이티브 영어 23

네이티브 영어 TIP

Lesson에서 배운 내용 외에 네이티브처럼 말하기 위한 간단한 TIP이 가득합니다. 알아두면 더욱 네이티브처럼 말할 수 있게 돼요.

확실히 정리하기

이번 Lesson에서 배운 내용을 한눈에 볼 수 있도록 확실하게 정리했습니다. 잊지 말고 꼭 외워 두세요.

이 책의 구성

잊을 때쯤 나타나는 REVIEW QUIZ!

Lesson 10개가 끝날 때마다 REVIEW로 복습을 할 수 있어요. 빈칸을 채우면서 배운 내용을 다시 한번 기억해보고, 잊어버린 것은 돌아가서 다시 확인해보세요.

CHAPTER 1 REVIEW

다음 빈칸을 채우면서 Lesson 1~10에서 배운 내용을 복습해 보세요.

1 Let's __________ lunch sometime.
시간될 때 간단히 점심 먹자.

2 It's __________ ! You're a good cook!
맛있어! 너 요리 잘한다!

3 ________ ____________ to anything in the fridge.
냉장고에 있는 거 뭐든지 편히 먹어.

4 It was ______ hanging out with you.
너와 놀아서 즐거웠어.

5 My ______________ .
도움이 된다니 기쁜걸요.

6 Congratulations! I'm so ___________ for you!
축하해! 정말 잘됐다!

7 Don't be so _________ !
그렇게 심술궂게 행동하지 마!

8 Please ________ me _________ if you need anything.
필요한 게 있으시면 제게 말씀해주세요.

9 Do you have ________ after work?
퇴근 후에 (지인과의) 약속 있어?

10 There is a _______ _________ bakery down the street.
근처에 작고 아담한 빵집이 있어.

정답 1 grab 2 good 3 Help / yourself 4 fun 5 pleasure 6 happy 7 mean 8 let / know 9 plans 10 cozy / little

38

미국 문화가 궁금하다면! Culture/Vocabulary Point!

구슬쌤이 미국 생활을 하면서 느낀 문화적인 차이나, 영어 공부를 하면서 유의해야 했던 단어의 포인트 등을 실은 쉬어가기 코너예요. 머리를 식히면서 미국 생활을 간접 체험해보세요.

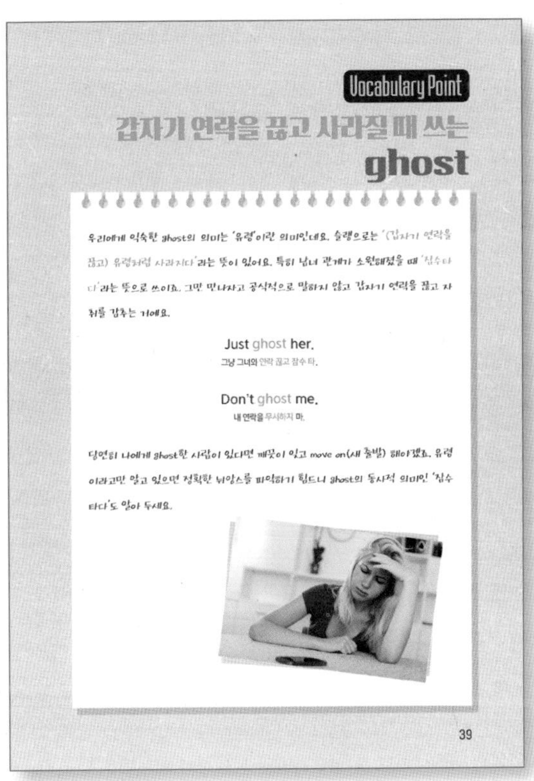

Vocabulary Point

갑자기 연락을 끊고 사라질 때 쓰는

ghost

우리에게 익숙한 ghost의 의미는 '유령'이란 의미인데요. 슬랭으로는 '(갑자기 연락을 끊고) 유령처럼 사라지다'라는 뜻이 있어요. 특히 남녀 관계가 소원해졌을 때 '잠수타다'라는 뜻으로 쓰이죠. 그만 만나자고 공식적으로 말하지 않고 갑자기 연락을 끊고 자취를 감추는 거예요.

Just ghost her.
그냥 그녀와 연락 끊고 잠수 타.

Don't ghost me.
내 연락을 무시하지 마.

당연히 나에게 ghost한 사람이 있다면 깨끗이 잊고 move on(새 출발) 해야겠죠. 유령이라고만 알고 있으면 정확한 뉘앙스를 파악하기 힘드니 ghost의 동사적 의미인 '잠수타다'도 알아 두세요.

39

목차

Chapter 2 이 영단어에 이런 의미도 있었나요?

목차

Chapter 4 진짜 네이티브만 쓸 수 있는 영어 표현

목차

미리 체험해 본 독자들의 추천사

20대 신**

얼마 전에 왕초보 문법을 끝냈는데 선생님 유튜브를 보고 신세계를 경험했습니다. 근데 책까지 함께 보니 머릿속이 확 정리되는 것 같아요!

30대 오**

외국에 어학연수를 다녀왔는데도 말하는 게 기초 수준밖에 안 됐는데, 구슬 샘 책을 보니까 왜 그랬는지 완전 알겠어요. 이건 따로 배우지 않으면 절대 모를 시크릿 중에 시크릿! 추천합니다!

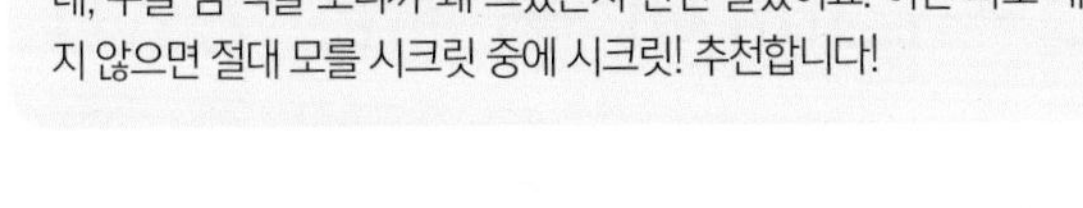

30대 홍**

이 책을 보면 영어 공부하면서 궁금했던 것만 꼭 집어서 알려 주는 거 같아요. 구슬 샘이 제 속을 들여다 보는 느낌… 헷갈렸던 영어를 사이다 같이 명쾌하게 설명해줘서 더 좋아요.

20대 김**

이걸 미리 체험할 수 있다는 게 진짜 행운인 거 같아요. 저만 알고 싶은 영어 비법이 다 모여 있습니다. 이왕 책으로 나온다고 하니 구슬 샘 모르는 사람 없게 해 주세요! 완전 강추입니다!

20대 이**

문법 공부하고 약간 지칠 타이밍이었는데 덕분에 다시 재미를 붙여가는 중입니다. 선생님 유튜브를 같이 보니 발음이 정말 정확하시고 설명을 잘 해주셔서 굳이 외우려고 안 해도 그냥 외워지더라고요.

CHAPTER 1

한국인에게 익숙한 영어 VS 자연스러운 네이티브 영어

Lesson 1 "간단히 점심 먹자."라고 할 땐 eat보단 grab

Lesson 2 음식이 맛있을 땐 delicious보단 good

Lesson 3 많이 먹으라고 할 땐 Eat a lot.보단 Help yourself.

Lesson 4 즐겁고 재밌을 땐 interesting보단 fun

Lesson 5 상대가 고맙다고 할 땐 You're welcome.보단 My pleasure.

Lesson 6 "잘됐다!"라고 할 땐 Good for you!보단 I'm so happy for you!

Lesson 7 '나쁘다'는 bad보단 mean

Lesson 8 생각해보고 알려 달라고 할 땐 tell me보단 let me know

Lesson 9 친구와의 약속은 have an appointment보단 have plans

Lesson 10 공간이 좁을 때는 small보단 cozy

Lesson 11 날씨가 끝내주게 좋을 땐 very sunny보단 gorgeous

Lesson 12 도와주고 싶을 땐 Can I help you?보단 Is there anything I can do?

Lesson 13 Thank you.보다 큰 감사함을 표현할 땐 I am grateful.

Lesson 14 감명 깊을 때 외에도 뭔가 대단할 때 쓰는 impressive

Lesson 15 음식이 식어 간다고 할 땐 cold보단 getting cold

Lesson 16 냉장고는 refrigerator보단 fridge

Lesson 17 뭔가를 정말 좋아할 땐 like it a lot보단 be obsessed with it

Lesson 18 대학생들이 쓰는 보고서는 report보단 paper

Lesson 19 사업용 명함은 name card보단 business card

Lesson 20 대학생은 university student보단 college student

Lesson 1

음성 강의 ▶

"간단히 점심 먹자."라고 할 땐 eat보단 grab

"점심 먹자."는
영어로 뭐라고 할까?

틀린 영어

Let's eat lunch.

VS

네이티브 영어

Let's grab lunch.

시간될 때 같이 **점심이나 저녁을 먹자고** 할 때 eat보다는 **grab**이 더 자주 쓰여요. '쥐다/잡다'라는 의미로 우리에게 익숙한 **grab**은 **'급히/잠깐 ~하다'**라는 의미도 있거든요. 식사하자고 할 때 grab을 쓰면 **부담 없이 간단히 먹자는 뉘앙스**로 상대방의 부담을 줄여줘요. grab대신 get, have, do를 써도 되지만, 식사하자는 표현에 eat은 거의 쓰지 않으니 주의하세요.

❶ 음료나 음식 등을 간단히 먹다/마시다

- Let's **grab** lunch sometime. 시간될 때 **간단히** 점심 **먹자**.

주의 sometime(시간될 때/언제)과 some time(시간 좀)의 띄어쓰기에 따른 뜻 차이를 주의하세요.

e.g. Let's grab a drink sometime. 시간될 때 간단히 술 한잔 하자.
Do you have some time tomorrow? 내일 시간 좀 있어?

- Let's **grab** coffee sometime. 시간될 때 **간단히** 커피 한잔**하자**.
  Yeah, we should! 그래, 그러자!

❷ 물건을 급히/서둘러 가져오다

- Let me go **grab** my jacket. 내 재킷 좀 **빨리 가져올게**.

- Let me go **grab** my wallet. 내 지갑 좀 **빨리 가져올게**.
  Take your time. 천천히 해도 돼.

TIP 'go+동사원형'은 '가서 ~하다'라는 의미입니다.

e.g. I gotta go study English. 나 가서 영어 공부해야 해.

❸ 물건을 (낚아채듯) 쥐다/잡다

- Please **grab** a seat. 자리 **잡고 앉아** 주세요.

grab의 다양한 의미

1. (음료/음식 등을) 간단히 먹다/마시다
2. (물건을) 급히/서둘러 가져오다
3. (물건을 낚아채듯) 쥐다/잡다

Lesson 2

음식이 맛있을 때 delicious보단 good

"(음식이) 맛있다."는
영어로 뭐라고 할까?

애매한 영어	네이티브 영어
It's delicious.	It's good.

VS

음식이 맛있을 때 가장 먼저 떠오르는 표현은 It's delicious.지만, 사실 네이티브들은 **It's good.**을 훨씬 더 많이 사용해요. delicious는 음식을 대접 받을 때 고마움을 표현하거나 맛있다는 걸 과하게 표현할 때만 사용하거든요. 여기서 It's는 따로 해석하지 않는 것에 주의하세요.

❶ 음료나 음식 등이 맛있다

- **It's good.** 맛있네.

TIP 맛 표현 총정리

짠 salty	신 sour	느끼한 cheesy	매운 spicy/hot
담백한/깔끔한 light	싱거운 bland	바삭바삭한 crispy	눅눅한 soggy

- How's your coffee? 커피 맛이 어떤가요?
  It's good! 맛있어요!

- Is it too salty? 너무 짜?
  No, **it's good!** You're a good cook! 아니, **맛있어!** 너 요리 잘한다!

TIP 상대가 요리를 잘할 땐 You're a good cook.이라고 하면 돼요. 왠지 cook이라고 하면 전문 요리사가 떠오르지만, '요리하는 사람'이란 의미로 쓸 수 있는 표현이에요. 반면 요리를 잘 못한다고 할 땐 I'm not a good cook.이라고 하면 되겠죠?

❷ 상태나 상황 등이 좋다

- How's school? 학교 생활은 어때?
  It's good! 좋아요!

- How's work? 회사 일은 어때?
  It's good! 좋아요!

It's good.의 다양한 의미

1. (음료나 음식 등이) 맛있다
2. (상태나 상황 등이) 좋다

Lesson 3

음성 강의 ▶

많이 먹으라고 할 땐 Eat a lot.보단 Help yourself.

"많이 먹어."는
영어로 뭐라고 할까?

틀린 영어	네이티브 영어
Eat a lot.	Help yourself.

VS

눈치 보지 말고 편히 **음식을 양껏 먹으라고 할 땐** Eat a lot.보단 **Help yourself.**가 더 자연스러워요. 이 표현은 주로 집에서 손님을 대접할 때나 음식을 제공하는 경우 눈치보지 말고 편히 먹으라고 할 때 쓰입니다. 더 **공손하게** 말하고 싶을 땐 **Please help yourself.**라고 하면 되죠. 우리가 외래어를 쓰는 것처럼 미국에서도 프랑스어나 스페인어를 종종 사용하는데, 맛있게 먹으라고 할 때 프랑스어인 **Bon appétit.**를 쓰기도 하니 참고하세요.

❶ 음식이나 음료 등을 눈치 보지 말고 "많이 먹어/편히 먹어."

- **Please help yourself.** 많이 드세요.

  Thank you. It smells good! 고맙습니다. 맛있는 냄새가 나는걸요!

> TIP 구체적으로 음식을 언급하며 '~을 맛있게 드세요'라고 할 땐 뒤에 'to+명사'를 붙이면 돼요.
> e.g. Please help yourself to cookies. 쿠키가 있으니 많이 드세요.

- **Help yourself to anything** in the fridge.
  냉장고에 있는 거 **뭐든지 편히** 먹어.

  Aw, thank you. 아, 고마워.

> TIP 점심이나 저녁을 맛있게 먹으라고 할 땐 Enjoy를 써요.
> e.g. Enjoy your lunch. 점심 식사 맛있게 하세요.

❷ 음식이나 음료 등을 "맛있게 먹어."라고 할 때 불어로

- **Bon appétit!** 맛있게 드세요!

"맛있게/많이 먹어."의 다양한 표현

1. Help yourself.: (눈치 보지 말고) 많이 드세요./편히 드세요.
2. Help yourself to+음식: ~ 맛있게/많이 드세요
3. 불어로는 Bon appétit! (맛있게 드세요!)

Lesson 4

음성 강의 ▶

즐겁고 재밌을 땐 interesting보단 fun

"재밌어."는
영어로 뭐라고 할까?

틀린 영어

It's interesting.

네이티브 영어

It's fun.

VS

interesting은 단순히 재미있는 게 아닌 **호기심을 자극해서 흥미로울 때**, 또는 특이하거나 별날 때 사용해요. 예를 들어, He's an interesting person.이라고 하면 흥미로운 사람일 수도 있지만 특이한 별종일 때도 쓰거든요. 어떤 것이 **재미있다고 할 땐** interesting보다는 **fun**을 써야 해요. **웃긴 것**을 이야기할 때는 **funny**를 써야 하는 것도 주의하세요.

❶ 재미있거나 즐거울 때는 fun

- I had **fun** tonight. 오늘 밤 **즐거웠어요.**

  Me too. 저도요.

> 주의 fun은 '재미있는/즐거운'이라는 형용사로도 쓰고 '재미'라는 명사로도 써요.
>
> e.g. It was fun. 재미있었어. / Have fun. 재미있게 놀다 와.

- It was **fun** hanging out with you. 너와 놀아서 **즐거웠어.**

  It was. We should do it again sometime. 나도. 언제 또 같이 놀자.

- Have **fun.** **재미있게** 놀다 와/다녀와.

❷ 웃길 때는 funny

- I like him. 나 걔 좋더라.

  Yeah, he's **funny.** 맞아, 걔 **웃기잖아.**

- It was **fun** watching a movie tonight! 오늘 밤 영화 본 거 **재밌었어!**

  I know. It was a **funny** movie. 그러게. **웃긴** 영화였지.

> TIP 정말 웃기다는 걸 강조할 땐 hilarious[힐래뤼어ㅆ]를 자주 써요.
>
> e.g. This is funny. 이거 웃긴다. / This is hilarious. 이거 정말 웃긴다.

fun/funny의 활용법

1. fun: 재미있는/즐거운
2. funny: 웃긴

Lesson 5

상대가 고맙다고 할 때 You're welcome.보단 My pleasure.

상대가 고맙다고 할 때
답변으로?

애매한 영어

You're welcome.

네이티브 영어

My pleasure.

VS

대학에서 마케팅을 배울 때 고급 서비스업에서는 고객들에게 **You're welcome.** 대신 **My pleasure.**을 쓰도록 배웠어요. "천만에요."라는 의미인 You're welcome.은 마치 상대에게 큰 도움을 준 것처럼 거만하게 들릴 수도 있거든요. 물론 You're welcome.이 틀린 건 아니지만 **My pleasure.** 또는 **It's nothing.**이 더 듣기 좋은 표현이에요.

❶ "도움이 된다니 기쁜걸요."의 My pleasure.

- Thank you. 고마워요.
  My pleasure. 도움이 된다니 기쁜걸요.

> TIP 상대가 고맙다고 했을 때 You're welcome.을 쓰는 게 이미 입에 익숙해졌다면 You're very welcome.을 써주세요. 단순히 very만 붙여도 겸손한 느낌이 많이 생겨요.

- I'm so grateful. 정말 감사합니다.
  My pleasure. 도움이 된다니 기쁜걸요.

❷ "아무것도 아닌걸요."의 It's nothing.

- Thank you for your help. 도와줘서 고마워요.
  It's nothing. 아무것도 아닌걸요.

> TIP It's nothing.과 비슷한 뉘앙스로 No problem. / No worries. / Don't mention it.도 '별거 아니니 신경 쓰지 말라'는 의미로 자주 쓰여요.

Thank you.에 대한 답변

1. My pleasure.: 도움이 된다니 기쁜걸요.
2. It's nothing.: 아무것도 아닌걸요.
3. 이미 You're welcome.이 익숙하다면 very를 붙여 더 부드럽게 You're very welcome.

Lesson 6

음성 강의 ▶ 

"잘됐다!"라고 할 땐 Good for you! 보단 I'm so happy for you!

상대에게 좋은 일이 일어난 게
"잘됐다!"라고 할 때

애매한 영어

Good for you!

VS

네이티브 영어

I'm so happy for you!

같은 말을 해도 말투에 따라 비꼬는 것 같은 느낌을 줄 때가 있죠. 사실 Good for you!의 본래 의미는 "잘됐다!"이지만 이 표현은 빈정대며 "자알~됐네~!"라는 식으로도 자주 쓰여요. 상황이나 말투에 따라 조심해야 하는 표현이에요. 반면, **I'm so happy for you!**는 오해의 소지가 훨씬 적은 표현이랍니다.

❶ I'm so happy for you!

- I'm getting married in October. 저 10월에 결혼해요.
  Congratulations! **I'm so happy for you!** 축하해! **정말 잘됐네!**

> TIP "축하해요."라는 뜻의 Congratulations! 뒤에는 'on'을 써서 구체적으로 축하하는 대상을 말할 수 있어요.
>
> e.g. Congratulations on your promotion! 승진 축하해!

- Congratulations on your promotion!
  I'm so happy for you! 승진 축하해! **정말 잘됐네!**
  Thank you. I couldn't have done it without you.
  고맙습니다. 다 덕분에 잘된 거예요.

> TIP 누군가가 축하해줬을 때 I couldn't have done it without you.라고 하면 사회생활을 잘하는 것처럼 보여요. 직역하면 "당신 없이는 해내지 못했을 거예요."란 의미로, 의역하면 "다 덕분에 잘된 거예요."란 뜻이에요.

❷ Good for you!

- I got promoted. 나 승진했어.
  Good for you! 잘됐다!
- I just got engaged! 나 이번에 약혼했어!
  Wow! **Good for you!** 이야! **잘됐다!**

"잘됐다!"의 다양한 표현

1. I'm so happy for you!: (정말) 잘됐다!
2. Good for you!: 잘됐다!(말할 때 상황이나 말투에 조심)

Lesson 7

'나쁘다'는 bad보단 mean

"너 나빴어."는
영어로 뭐라고 할까?

틀린 영어

You are bad.

VS

네이티브 영어

You are mean.

'나쁜'을 영어로 하면 bad가 생각나죠? 근데 bad는 사실 사람의 성격에 대한 것보다는 품질이 나쁠 때 써요. 노래에서 I'm a bad girl.이라고 하는 것처럼 bad를 사람에게 쓰면 성품이 나쁘다는 게 아니라 멋진, 카리스마 넘치는 사람이라는 의미를 나타내요. 대신 **mean(못된)**을 써서 누군가가 나쁜 행동을 했을 땐 **You are mean.**이라고 할 수 있어요.

❶ 성질이 나쁜, 심술궂은

- She's **mean.** 그녀는 **나빴어.**
- Don't be so **mean.** 그렇게 **심술궂게** 행동하지 마.

- Just ghost him. (상대를 유령 취급하듯) 그냥 연락 끊고 잠수 타.
  You're **mean!** 너 **나빴어!**

❷ 특히 음식을 잘 하는, 솜씨가 뛰어난

- He makes a **mean** steak. 그는 스테이크를 **정말 잘** 만들어.

> TIP 감히 대적할 상대가 없을 정도로 압도적으로 뭔가를 잘 만들 때 'mean+음식/음료'를 써요. 특히 상대의 요리 실력을 칭찬할 때 자주 쓰는 표현입니다.

- He makes a **mean** burger! 그는 버거를 **끝내주게 잘** 만들어.
  Really? I can't wait to try it! 정말? 빨리 먹어보고 싶다!

> TIP 뭔가 정말 기대될 땐 'I can't wait to+동사원형'을 써요. '~가 정말 기다려져/기대돼'라는 의미죠.
> e.g. I can't wait to see you! 널 보는 게 정말 기대돼!

형용사 mean의 다양한 의미

1. 성질이 나쁜, 심술궂은
2. (특히 음식을) 잘 하는, 솜씨가 뛰어난

Lesson 8

음성 강의 ▶

생각해보고 알려 달라고 할 때 tell me보단 let me know

"(내게) 알려줘."는
영어로 뭐라고 할까?

애매한 영어	네이티브 영어
Tell me.	Let me know.

VS

생각해보고 어떻게 할 건지 **알려 달라고** 할 때 네이티브들은 **let me know**를 써요. 특히 비즈니스 이메일에서도 자주 쓰이는 표현인데요. 자세한 정보를 제공해 달라는 뉘앙스의 tell me보단, 가볍게 생각해보고 어떻게 할 건지 여부만 알려 달라는 느낌의 let me know가 더 캐주얼한 표현이에요.

❶ 생각해보고 내게 말해줘/알려줘.

- **Let me know** if you need anything. 필요한 게 있으면 **내게 말해줘.**
- **Let me know** if you need help. 도움이 필요하면 **내게 말해줘.**

- **Let me know** what you think. 어떻게 생각하는지 **내게 말해줘.**
  OK. I'll **let you know** by tomorrow at the latest.
  알겠어. 늦어도 내일까지는 **네게 말해줄게.**

> TIP '늦어도'는 at the latest
>
> e.g. Please let me know by Thursday at the latest. 늦어도 목요일까지는 말씀해주세요.

❷ 격식을 차릴 땐 앞에 Please를 넣어서 더 공손하게!

- **Please let me know** if anything changes.
  변경사항이 있으시면 **제게 말씀해주세요.**

- **Please let me know** if you need anything.
  필요한 게 있으시면 **제게 말씀해주세요.**
  I will. Thank you. 그럴게요. 고맙습니다.

Let me know의 다양한 의미

1. Let me know.: (생각해보고) 내게 말해줘/알려줘.
2. 격식을 차릴 땐 앞에 Please를 넣어서 더 공손하게!

Lesson 9

친구와의 약속은 have an appointment보단 have plans

'친구와 약속이 있어'는
영어로 뭐라고 할까?

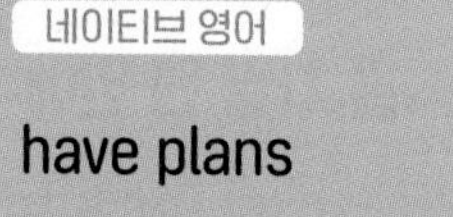

틀린 영어	네이티브 영어
have an appointment	have plans

VS

'약속' 하면 먼저 생각나는 appointment는 **치과 의사나 회계사 같은 전문인과의 약속**을 의미해요. meeting은 **업무상의 만남이나 회의**를 의미하고요. **'친구나 지인과의 약속'**이 있을 땐 have plans를 써요. 친구를 만나면 식사도 하고 수다도 떨며 여러 가지 일을 하잖아요? 그래서 plan을 꼭 복수로 써야 해요. plan은 '계획'이라는 의미를 살려 여러 계획들이 있다고 할 때도 쓸 수 있어요.

❶ 친구나 지인과 약속이 있다

- Do you **have plans** tonight? 오늘 밤 (지인과의) 약속 있어?
- Do you **have plans** after work? 퇴근 후에 (지인과의) 약속 있어?

> TIP '퇴근 후'는 '일한 후'를 의미하는 after work를 씁니다.

- Do you **have plans** tomorrow? 내일 (지인과) 약속 있어?
  No, I don't **have any plans.** 아니, **아무 약속도** 없어.
- Do you want to have a drink after work? 퇴근 후 술 한잔할래?
  Sorry. I already **have plans.** 미안해. 난 이미 **(지인과) 약속이 있어.**

❷ 여러 계획들이 있다

- I **have** big **plans.** 내게 중요한 **계획들이 있어.**
- I **have** new **plans.** 내게 새로운 **계획들이 있어.**
- We **have** great **plans!** 우리에게 정말 좋은 **계획들이 있어!**

have plans의 다양한 의미

1. (친구나 지인과) 약속이 있다
2. 여러 계획들이 있다

Lesson 10

공간이 좁을 때는 small보단 cozy

(집/사무실/차 등의) 공간이 좁을 땐
영어로 뭐라고 할까?

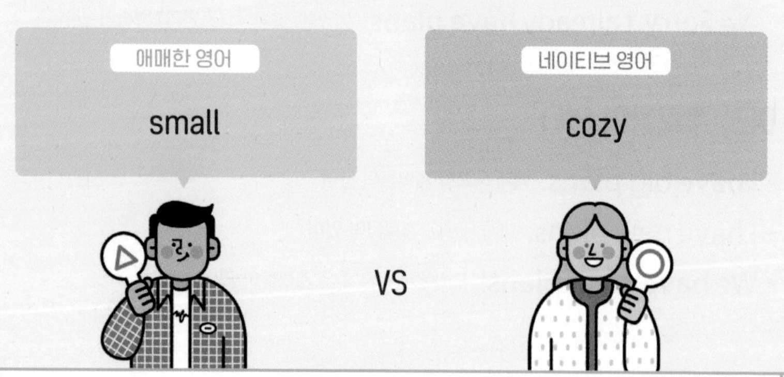

cozy는 **'아늑한', '안락한'**이란 의미가 있는데요. 누군가의 집, 사무실, 차 등의 공간이 좁다고 말할 때 빛을 발하는 표현이에요. 예를 들어, 친구 집에 놀러 갔을 때 It is small.(집이 작네.)이라고 대놓고 말하면 다소 무례하게 보일 수도 있어요. 그럴 땐 **It is cozy.(아늑하네.)**라는 센스 있는 표현을 사용해 보세요.

❶ cozy: (작지만) 아늑한/안락한

- It is **cozy.** 아늑한걸.
- I like this place. It is **cozy.** 여기 마음에 드네. **아늑해.**
- It is **cozy**, isn't it? 아늑하지, 그렇지?

- How do you like your office? 사무실은 마음에 들어?
  I like it. It is **cozy.** 마음에 들어. **아늑하거든.**

❷ cozy little: 작고 아담한

- There is a **cozy little** bakery down the street.
  근처에 **작고 아담한** 빵집이 있어.

> TIP '근처'를 말할 때 near나 close 못지않게 자주 쓰는 down the street
> (e.g.) There is a restaurant down the street. 근처에 음식점이 있어.

- There is a **cozy little** café down the street.
  근처에 **작고 아담한** 카페가 있어.
  Let's go there! 거기에 가자!

cozy의 활용법

1. cozy: (작지만) 아늑한/안락한
2. cozy little: 작고 아담한

다음 빈칸을 채우면서 Lesson 1~10에서 배운 내용을 복습해 보세요.

1 Let's __________ lunch sometime.
시간될 때 간단히 점심 먹자.

2 It's __________ ! You're a good cook!
맛있어! 너 요리 잘한다!

3 _________ ______________ to anything in the fridge.
냉장고에 있는 거 뭐든지 편히 먹어.

4 It was ______ hanging out with you.
너와 놀아서 즐거웠어.

5 My ______________ .
도움이 된다니 기쁜걸요.

6 Congratulations! I'm so ___________ for you!
축하해! 정말 잘됐다!

7 Don't be so _________ !
그렇게 심술궂게 행동하지 마!

8 Please _______ me _________ if you need anything.
필요한 게 있으시면 제게 말씀해주세요.

9 Do you have ________ after work?
퇴근 후에 (지인과의) 약속 있어?

10 There is a _______ _________ bakery down the street.
근처에 작고 아담한 빵집이 있어.

정답 1 grab 2 good 3 Help / yourself 4 fun 5 pleasure 6 happy 7 mean 8 let / know 9 plans 10 cozy / little

Vocabulary Point

갑자기 연락을 끊고 사라질 때 쓰는 ghost

우리에게 익숙한 ghost의 의미는 '유령'이란 의미인데요. 슬랭으로는 '(갑자기 연락을 끊고) 유령처럼 사라지다'라는 뜻이 있어요. 특히 남녀 관계가 소원해졌을 때 '잠수타다'라는 뜻으로 쓰이죠. 그만 만나자고 공식적으로 말하지 않고 갑자기 연락을 끊고 자취를 감추는 거예요.

Just ghost her.
그냥 그녀와 연락 끊고 잠수 타.

Don't ghost me.
내 연락을 무시하지 마.

당연히 나에게 ghost한 사람이 있다면 깨끗이 잊고 move on(새 출발) 해야겠죠. 유령이라고만 알고 있으면 정확한 뉘앙스를 파악하기 힘드니 ghost의 동사적 의미인 '잠수타다'도 알아 두세요.

Lesson 11

날씨가 끝내주게 좋을 땐 very sunny보단 gorgeous

날씨가 끝내주게
좋을 땐?

애매한 영어

very sunny

VS

네이티브 영어

gorgeous

미세 먼지도 없고 날씨도 화창하고 좋다는 걸 강조해서 말할 땐 **very sunny**보다는 **gorgeous**를 주로 써요. very sunny가 틀린 표현은 아니지만, 네이티브들은 **아름다움의 끝판왕 표현**인 gorgeous를 **날씨나 경치가 좋다는 걸 강조할 때** 자주 씁니다. 물론 **상대의 훌륭한 외모를 칭찬할 때**도 쓸 수 있어요.

❶ 날씨, 경치 등이 아주 멋진/아름다운/좋은

• It's **gorgeous** out there. [실내에서] 밖에 **날씨가 정말 좋은걸.**

> TIP '밖'을 말할 때 outside만큼 자주 쓰는 표현은 out there/out here이에요. 현재 안에 있으면서 밖을 얘기할 땐 out there, 밖에 있으면서 밖을 얘기할 땐 out here을 써요.
>
> e.g. It's gorgeous out there. [실내에서] 밖에 날씨가 정말 좋다.
> It's gorgeous out here. [야외에서] 여기 밖에 날씨가 정말 좋다.

• Her apartment has a **gorgeous** view. 그녀의 아파트는 경치가 **정말 좋아.**

❷ 외모가 아주 멋진/아름다운

• You look **gorgeous** today. What's the occasion?
오늘 **정말 근사해** 보이는 걸. 무슨 특별한 날이야?

It's my birthday. 오늘 내 생일이야.

> TIP occasion은 '(특별한) 때'란 의미예요. 상대가 평소보다 더 옷을 차려 입었을 때 자주 쓰는 표현입니다.
>
> e.g. What's the occasion? 오늘 무슨 특별한 날이야?

gorgeous의 다양한 활용법

1. 날씨나 경치가 정말 좋을 때
2. 외모가 정말 훌륭할 때

Lesson 12

도와주고 싶을 땐 Can I help you?보단 Is there anything I can do?

"제가 도와드릴까요?"는
영어로 뭐라고 할까?

애매한 영어

Can I help you?

VS

네이티브 영어

Is there anything I can do?

상대에게 도움을 주고자 할 때 **Can I help you?(제가 도와드릴까요?)**가 틀린 건 아니지만, 서비스업에서 손님을 대할 때 쓰는 사무적인 느낌이 강한 표현이에요. 지인에게 정말 '뭐라도(anything)' 도와주고 싶은 마음을 표현할 땐 Is there anything I can do?(**내가 해줄 수 있는 게 뭐라도 있을까?**)를 쓰세요.

"제가 도와드릴까요?" 뜯어보기

❶ 평소에 말할 땐 Is there anything I can do?

- **Is there anything I can do?** 내가 해줄 수 있는 게 뭐라도 있을까?
  No, I'm good. Thank you though. 아니, 괜찮아. 그래도 물어봐줘서 고마워.

- **Is there anything else I can do?** (도움을 준 후) 제가 더 도와드릴 게 있나요?
  No. You've done enough already. 아뇨. 이미 충분히 도와주셨어요.

TIP 이미 도움을 준 후에 혹시 더 도와줄 게 있는지 물어볼 때는 else를 넣어 말할 수 있어요.
e.g. Is there anything else I can do? (이미 도움을 준 후) 제가 더 도와드릴 게 있나요?

❷ 서비스업 등 사무적인 상황에서 Can I help you?

- **Can I help you, sir?** 손님, 도와드릴까요?
  No, I'm just looking around. 아뇨, 그냥 둘러보고 있는 중이에요.

- **Can I help you?** 도와드릴까요?
  Yes, I'm here to meet Ms. Williams.
  네, Ms. Williams를 뵈러 왔습니다.

"제가 도와드릴까요?"의 다양한 표현

1. Is there anything I can do?: 내가 해줄 수 있는 게 뭐라도 있을까?
2. Can I help you?: (서비스업 등 사무적인 상황에서) 도와드릴까요?

Lesson 13

음성 강의 ▸ 

Thank you.보다 큰 감사함을 표현할 땐 I am grateful.

큰 감사함을
표현할 땐?

애매한 영어

Thank you so much.

네이티브 영어

I am grateful.

VS

Thank you.보다 더 큰 감사함을 표현할 때 **Thank you so much.** 도 쓰지만 **공손한 느낌으로 I am grateful.**이 더 자주 쓰여요. I am grateful.은 사소한 걸 도움 받았을 때 쓰기엔 너무 강한 표현이고, 정말 큰 감사함을 표현할 때만 쓸 수 있어요. 혹시 Thank you so much.를 쓴다면 'so'를 크게 읽어야 뉘앙스를 살릴 수 있으니 주의하세요.

MP3_113

❶ 큰 감사함을 뜻하는 공손한 표현 I am grateful.

- **I am grateful.** I mean it. 정말 감사합니다. 진심으로요.

> 주의 큰 감사함을 표현할 때 쓰는 표현이라고 하니 I am greatful.이라고 오타를 낼 수 있어요. 사실 greatful은 존재하지 않는 단어입니다. 철자에 조심하세요!

- **I am grateful.** 정말 감사합니다.
  Oh, it's nothing. 에이, 별거 아닌걸요.

- **I am beyond grateful.** [강조] 정말 대단히 고맙습니다.

> TIP beyond를 '~이상/~너머'라고만 외우지 말고 강조할 때 써보세요. '훨씬 ~한다'는 뜻으로 very보다 강조하는 느낌이에요.
>
> e.g. I am beyond sorry. 정말 죄송합니다.

❷ so를 강조해서 말해야 하는 Thank you so much.

- **Thank you so much** for everything. 모든 것에 정말 고마워요.
- **Thank you so much** for helping me. 도와주셔서 정말 고맙습니다.

"정말 감사합니다."의 다양한 표현

1. I am grateful.: (공손한 표현) 정말 감사합니다.
2. I am beyond grateful.: (강조해서) 정말 대단히 고맙습니다.
3. Thank you so much.: (so를 강조해서) 정말 고마워요.

Lesson 14

음성 강의 ▶

감명 깊을 때 외에도 뭔가 대단할 때 쓰는 impressive

impressive를 보면
어떤 의미가 먼저 떠오를까?

애매한 영어	네이티브 영어
감명 깊은/인상 깊은	(강한 인상을 줄 만큼) 훌륭한/멋진

VS

impressive를 보면 **'감명 깊은/인상 깊은'**이란 의미가 먼저 떠오르지 않나요? 물론 틀린 건 아니지만 그렇게만 외우면 왠지 독후감에서나 쓸 수 있을 것 같고 일상생활에선 쓰기 어려운 느낌이에요. 뭔가 **강한 인상을 줄 만큼 훌륭하거나 멋질 때** impressive를 써보세요. good이나 great보다 더 강조해서 대단함을 표현할 수 있어요.

MP3_114

❶ 강한 인상을 줄 만큼 훌륭한/멋진

- That's **impressive!** 훌륭한걸!
- You are such an **impressive** person. 너는 정말로 **멋진** 사람이야.

> TIP 정도를 강조할 때 '정말/매우'란 의미로 such가 자주 쓰여요.
> e.g. You are such a good friend. 넌 정말 좋은 친구야.

- You did an **impressive** job! 정말 잘했어!

> TIP 상대가 강한 인상을 줄 만큼 잘했을 땐 Good job! 대신 Impressive job!을 써보세요. 어감도 훨씬 강해지고 상대가 더 뿌듯해 할 거예요.

❷ 감명 깊은/인상 깊은

- This is an **impressive** résumé! (화려한 경력) **인상 깊은** 이력서인걸.

> 주의 résumé(이력서)의 정확한 미국식 발음은 [뤠저메이]입니다.

- I really enjoyed the movie. 영화 정말 재미있었어.
  Me too. It was **impressive!** 나도. 정말 **인상 깊더라/훌륭하더라!**

impressive의 다양한 의미

1. (강한 인상을 줄 만큼) 훌륭한/멋진
2. 감명 깊은/인상 깊은

Lesson 15

음식이 식어 간다고 할 땐 cold보단 getting cold

"네 음식이 식어 가."는
영어로 뭐라고 할까?

틀린 영어

Your food is cold.

네이티브 영어

Your food is getting cold.

VS

차가운 건 cold, 뜨거운 건 hot, 따뜻한 건 warm이라는 건 잘 알지만 **'(차갑게) 식어 가다'**는 영어로 표현하기 어렵죠. **점점 변화해 가는 과정을 말할 땐 get**을 쓰면 돼요. 현재 음식이 차가운 상태일 땐 The food is cold. 하면 되지만, **음식이 식어 간다고 할 땐** 식어 가는 과정을 강조해서 **The food is getting cold.**라고 하면 됩니다.

❶ 음식 및 음료가 점점 식어 가다

- Your coffee **is getting cold.** 네 커피가 **점점 식어 가.**

- Are you up yet? Breakfast **is getting cold!**
  아직 안 일어났어? 아침이 **식어 가잖아!**

  I'm coming! 지금 가요!

> 주의 '오다'는 come, '가다'는 go라고 외우면 헷갈릴 때가 많아요. 단순히 '오다', '가다'가 아니라 come은 대화하는 상대와 내가 서로 가까워질 때, go는 대화하는 상대와 내가 서로 멀어질 때 써요.
>
> e.g. 친구가 자신의 생일 파티에 올 거냐고 물어볼 땐 I'm coming.(갈 거야.)
> (→친구가 있는 생일 파티 장소에 내가 가면 서로 가까워지므로)
>
> 엄마가 빨리 학교가라고 재촉할 땐 I'm going.(갈 거예요.)
> (→학교에 가면 집에 있는 엄마와 서로 멀어지므로)

❷ 날씨가 점점 추워지다

- It's **getting cold.** 날씨가 **점점 추워져.**

> TIP 날씨가 점점 더워질 때도 변화의 과정을 강조하는 get을 응용해 It's getting hot.(날씨가 점점 더워져.)이라고 하면 돼요.

- Put on a jacket. It's **getting cold.** 재킷 입어. 날씨가 **점점 추워져.**

getting cold의 다양한 의미

1. (음식 및 음료가) 점점 식어 가다
2. (날씨가) 점점 추워지다

Lesson 16

음성 강의 ▸ 

냉장고는 refrigerator보단 fridge

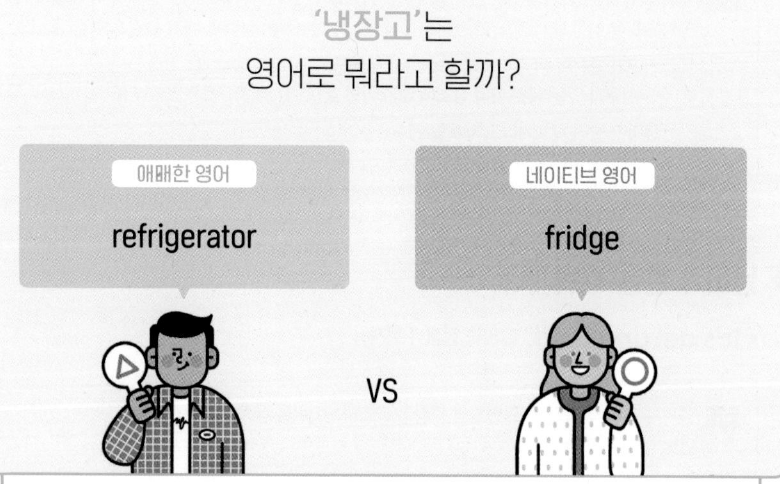

'냉장고'는
영어로 뭐라고 할까?
애매한 영어
refrigerator
네이티브 영어
fridge
VS

제가 고등학교 때 처음 미국에 갔을 때 저만 **냉장고를 refrigerator**라고 하고 주변에서는 다들 **fridge**라고 하더라고요. refrigerator가 틀린 건 아니지만, fridge를 비교도 안 되게 훨씬 더 자주 써요. fridge[프뤼쥐]가 스펠링도 더 짧고 발음하기도 쉽고요. 이외에도 일상 회화에서 줄여 말하는 가전제품을 같이 살펴볼게요.

❶ 냉장고: refrigerator → fridge

- Put it in the **fridge.** 냉장고에 넣어 놔.

❷ 세탁기: washing machine → washer

- Where is the **washer?** 세탁기는 어디 있나요?

❸ 에어컨: air conditioner → AC

- I don't think the **AC** is working. 에어컨 작동이 안 되는 것 같아요.

❹ 리모컨: remote control → remote

- I can't find the **remote.** 리모컨을 못 찾겠어.

TIP 자주 쓰는 가전제품 표현들

전자레인지: microwave
가스레인지: stove
선풍기: fan
식기세척기: dishwasher
A/S(품질 보증): warranty

줄여 말하는 다양한 가전제품

1. 냉장고: refrigerator → fridge
2. 세탁기: washing machine → washer
3. 에어컨: air conditioner → AC
4. 리모컨: remote control → remote

Lesson 17

음성 강의 ▶

뭔가를 정말 좋아할 땐 like it a lot보단 be obsessed with it

뭔가를 '정말 좋아할 땐'
영어로 뭐라고 할까?

애매한 영어

like it a lot

네이티브 영어

be obsessed with it

VS

like보다 강조해서 **뭔가를 정말 좋아한다고 말하고 싶을 때** a lot이라는 부사를 써서 like it a lot을 생각하게 되죠. 물론 틀린 표현은 아니지만, 네이티브들은 **be obsessed with it**을 훨씬 자주 써요. '집착하다'라는 부정적인 의미도 있지만 **집착하다시피 정말 좋아한다는 의미**로도 쓴답니다.

MP3_117

❶ (부정적인 의미) ~에 집착하다

- I am obsessed with my weight. 난 내 몸무게에 집착해.
- I am obsessed with my girlfriend. 난 내 여자 친구에게 집착해.

❷ (긍정적인 강조) ~을 집착하다시피 정말 좋아하다

- I am obsessed with coffee. 난 커피를 정말 좋아해.

- I am obsessed with working out. 난 운동하는 걸 정말 좋아해.
  Yeah, I can tell. 응, 티 나.

> TIP 굳이 말하지 않아도 딱 알 수 있을 땐 I can tell(난 알 수 있어/티 나).
> e.g. I can tell she's happy. 그녀가 행복하단 걸 알 수 있어.

- I am obsessed with my dog. 난 내 반려견이 정말 좋아.
  Yeah, she's adorable. 응, 네 반려견은 정말 너무 사랑스러운걸.

> TIP 반려견은 당연히 사물이 아닌 생명체이기 때문에 성별에 따라 she/he를 써야 해요. 누군가에겐 가족이나 다름없기 때문에 it을 쓰지 않도록 주의하세요.

- I am obsessed with sweets. 난 단 거 정말 좋아해.
  Me too. 나도.

be obsessed with의 다양한 의미

1. (부정적인 의미) ~에 집착하다
2. (긍정적인 강조) ~을 집착하다시피 정말 좋아하다

Lesson 18

음성 강의 ▸

대학생들이 쓰는 보고서는 report보단 paper

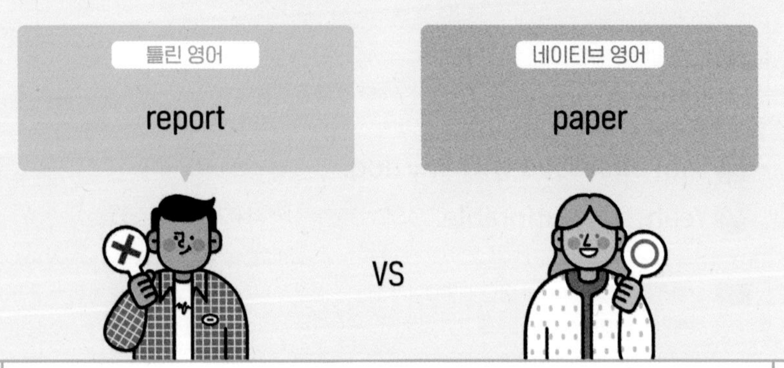

대학생들이 제출하는
'리포트'는 영어로 뭐라고 할까?
틀린 영어
report
네이티브 영어
paper
VS

우리나라에서 대학생들이 학교에서 과제로 제출하는 걸 흔히 '리포트'라고 하죠. 네이티브들은 **report**는 주로 **회사에서 상사에게 뭔가를 보고할 때** 쓰는 걸 말하고, **학교에서** 쓰는 건 **term paper**를 줄여서 **paper**라고 해요. 성적표는 report card, 논문은 thesis[띠씨쓰]라고 하니 참고하세요.

❶ term paper의 줄임말로, 학교에서 과제로 제출하는 리포트

- Can you help me with my **paper**? 내 **리포트** 쓰는 것 좀 도와줄 수 있어?
- I need to work on my **paper**. 나 (열심히) **리포트** 써야 해.

> TIP 뭔가를 개선하거나 완성하기 위해 열심히 공들일 땐 work on을 써요.
> e.g. What are you working on? 뭘 그리 열심히 하고 있어?

- What are you working on? 뭘 그리 열심히 하고 있어?
  I'm working on my **paper**. It's due tomorrow.
  나 (열심히) **리포트** 쓰고 있어. 내일까지 제출해야 해.

❷ newspaper의 줄임말로, 신문

- Is that today's **paper**? 그거 오늘 **신문**이야?
- It's in the **paper**. 그거 **신문**에 나와 있어.

- Did you read the **paper** this morning? 오늘 아침에 **신문** 읽었어?
  No, I was too busy. 아니, 너무 바빴어.

paper의 다양한 의미

1. (대학생들이 과제로 제출하는) 리포트
2. 신문

Lesson 19

음성 강의 ▶ 

사업용 명함은 name card보단 business card

'사업용 명함'은
영어로 뭐라고 할까?

애매한 영어	네이티브 영어
name card	business card

VS

business card(사업용 명함)는 name card(명함)의 일종이긴 하지만, **비즈니스 환경에서 명함을 얘기할 땐 business card**를 더 자주 써요. 그리고 실제 대화를 할 때는 **줄여서 card**라고도 쓰죠. 사업용 명함을 name card라고 할지 business card라고 할지 헷갈린다면 쉽게 그냥 card라고 하면 돼요.

❶ 사업용 명함인 business card를 줄여서

- Can I have your **(business) card**? **(사업용) 명함** 좀 주실 수 있나요?
- Here is my **(business) card**. Please call me if you need anything. 여기 제 **(사업용) 명함**이요. 필요한 게 있으시면 전화주세요.
  I will. Thank you. 그럴게요. 고맙습니다.

❷ 신용 카드인 credit card를 줄여서

- You can pay for it with my **(credit) card**. 내 **카드**로 계산해도 돼.
- Please swipe your **(credit) card**. (계산할 때) **카드** 긁어주세요.
  OK. 알겠습니다.

❸ 생일이나 크리스마스 등의 카드

- I sent him a **Christmas card**. 그에게 **크리스마스 카드**를 보냈어.
- Did you get my **birthday card**? 내가 보낸 **생일 카드** 받았어?
  I did. Thank you. 응, 받았어. 고마워.

card의 다양한 활용법

1. '사업용 명함'인 business card를 줄여서
2. '신용 카드'인 credit card를 줄여서
3. (생일이나 크리스마스 등의) 카드

Lesson 20

음성 강의 ▸

대학생은 university student보단 college student

'대학생'은
영어로 뭐라고 할까?

애매한 영어

university student

네이티브 영어

college student

VS

우린 university는 4년제 대학, college는 2년제 대학이라고 외웠기 때문에 4년제 대학교 학생이라고 하면 university student라고 하고 싶을 거예요. 하지만 일상 회화에선 **college student**를 더 자주 써요. 실제 4년제 대학임에도 이름에 college가 들어간 학교도 있기에 University가 들어간 대학 이름을 얘기하는 게 아닌 이상 일상 회화에선 College를 써주세요.

❶ 대학

- What does your sister do? (직업을 물어볼 때) 네 여동생은 뭐해?

  She is a **college student.** **대학생**이야.

> TIP 상대의 직업을 물어볼 땐 What's your job?보다 What do you do?를 훨씬 자주 써요. 우리나라에서도 '직업이 뭔가요?'보다 '하시는 일이 어떻게 되세요?'라고 좀 더 부드럽게 물어보는 것처럼요.

- I miss **college.** 난 **대학 시절**이 그리워.

  Me too. I wish we could go back in time.
  나도. 예전으로 돌아갈 수 있다면 좋을 텐데.

- I am a junior in **college.** 전 **대학교** 3학년입니다.

> TIP 미국은 고등학교가 9~12학년으로, 우리나라로 따지면 중학교 3학년인 9학년부터 시작합니다.
> Freshman: 중학교 3학년, 대학교 1학년
> Sophomore: 고등학교 1학년, 대학교 2학년
> Junior: 고등학교 2학년, 대학교 3학년
> Senior: 고등학교 3학년, 대학교 4학년

- How did you meet your wife? 아내분은 어떻게 만나셨어요?

  We met in **college.** 저흰 **대학교** 때 만났어요.

college의 다양한 활용법

1. college: 대학, 대학 생활, 대학 시절
2. college student: 대학생

다음 빈칸을 채우면서 Lesson 11~20에서 배운 내용을 복습해 보세요.

1 It's ______________ out there.
[실내에서] 밖에 날씨가 정말 좋네.

2 Is there ______________ I can do?
내가 해줄 수 있는 게 뭐라도 있을까?

3 I am beyond ___________ .
[강조] 정말 대단히 고맙습니다.

4 You are such an ______________ person.
너는 정말로 멋진 사람이야.

5 Breakfast is ____________ cold.
아침이 식어 가.

6 Put it in the __________ .
냉장고에 넣어 놔.

7 I am ______________ with my girlfriend.
난 내 여자 친구에게 집착해.

8 Can you help me with my ___________ ?
내 리포트 쓰는 것 좀 도와줄 수 있어?

9 Can I have your (business) ________ ?
(사업용) 명함 좀 주실 수 있나요?

10 She is a _____________ student.
그녀는 대학생이야.

정답 1 gorgeous 2 anything 3 grateful 4 impressive 5 getting 6 fridge 7 obsessed 8 paper 9 card 10 college

Culture Point

각자 음식을 가지고 오는 파티, Potluck

미국에서 제가 대학교 다닐 때는 물론, 회사에 다닐 때도 거의 모든 파티는 Potluck이었던 것 같아요. Potluck은 초대된 사람들이 각자 요리를 한 가지씩 해서 가져오는 미국식 문화인데요. 파티를 여는 호스트가 모든 요리를 해야 한다는 부담감에 시달리지 않고, 편히 사람들을 초대할 수 있어 정말 좋은 문화예요.

각자 다양한 음식을 가져오기 때문에 뷔페 느낌도 나고, 평소 요리를 잘하는 친구들의 음식을 맛볼 수 있어 저는 늘 기대가 됐어요. 특히 서로 다른 문화권에 있는 친구들과 하는 파티에서는 다양한 나라의 음식을 경험할 수 있어서 더 좋았죠.

저처럼 요리를 못하는 사람은 음료나 디저트를 가져가도 된답니다. 파티에 초대받을 때 It's a potluck!(포트럭 파티야!)이라고 하면 Don't go empty handed!(절대 빈손으로 가지 마세요!)

Chapter 2

이 영단어에 이런 의미도 있었나요?

Lesson 1 work: '일하다'만큼 많이 쓰이는 '되다'!

Lesson 2 pick up: '데리러 오다' 외에도 '이어서 계속하다, 사다'

Lesson 3 work out: '운동하다' 외에도 일이 '잘 풀리다'

Lesson 4 get together: '모으다' 외에 사람들과 만날 때도 쓰는 표현!

Lesson 5 put together: 이것저것 모아 준비할 때 쓰는 표현!

Lesson 6 come up with: 아이디어, 돈 등을 어떻게 마련할지 해결책이 생각날 때!

Lesson 7 figure: 명사는 '숫자/수치', 동사는 '곰곰이 생각하다'

Lesson 8 figure out: 곰곰이 생각 후 뭔가를 알아내고 이해할 때!

Lesson 9 at all: not at all은 '전혀', at all은 '조금이라도'

Lesson 10 check out: 뭔가를 추천하거나 추천받을 때 쓰는 표현!

Lesson 11 company: '회사' 외에도 '함께 있는 사람들'을 의미하는 단어

Lesson 12 takeaway: 영국에선 '포장 음식', 미국에선 '핵심 요점/정보'

Lesson 13 alien: 이민 서류에 쓰이는 alien은 '외계인'이란 의미?

Lesson 14 the minute: '분' 말고 '~하자마자'

Lesson 15 suit: '어울리다'란 의미로 칭찬할 때 빛을 발하는 단어

Lesson 16 awfully: '끔찍하게도'뿐 아니라 '정말', '몹시'

Lesson 17 make: '만들다' 외에 '(힘들게) 해내다'라는 단어

Lesson 18 room: '방' 외에 '여유 공간 및 여지'를 의미하는 단어

Lesson 19 be stuck: 차가 막혀 꼼짝 못할 때!

Lesson 20 I insist: 호의를 베풀며 거절하지 말라고 할 때!

Lesson 1

음성 강의 ▸ 

work:
'일하다'만큼 많이 쓰이는 '되다'!

평소에 work 하면
떠오르는 뜻은?

한국인에게 익숙한 영어	네이티브 영어
일하다	일하다, 되다, 작동하다, 효과가 있다

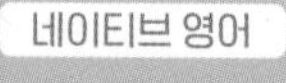

VS

work는 우리가 흔히 아는 '일하다'라는 뜻 외에 네이티브들이 대화할 때는 **'되다'**, **'작동하다'**, **'효과가 있다'**라는 의미로도 쓰여요. 다른 의미는 몰라도 '되다'만큼은 꼭 알아 두면 좋겠어요. 정말 자주 쓰이는 표현이거든요.

'일하다' 외의 work 뜯어보기

❶ 시간이나 일정이 되다

- Does Monday **work** for you? 월요일에 **시간 돼**?

> 주의 work 앞에 날짜/요일/시간이 주어로 오면 '일정이 되다'라는 뜻이고, 사람이 주어로 오면 '일하다'라는 뜻이에요.
>
> e.g. Does Monday work for you? 월요일에 시간 돼?
>
> Do you work on Monday? 월요일에 근무해?

- Does tonight **work** for you? 오늘 밤 **시간 돼**?

❷ 어떤 것이 작동하다/되다

- I don't think the wi-fi is **working.** 제 생각엔 와이파이가 잘 안 **되는** 것 같아요.

> TIP 뭔가 작동이 잘 안 될 때 직설적으로 말하기보다는 I don't think를 써서 '제 생각엔 ~가 잘 안 되는 것 같아요.'라고 말하는 게 더 부드러워요.

❸ 약이나 방법 등이 효과가 있다

- My business plan **worked.** 내 사업 계획이 **효과가 있었어**.
- My diet plan **didn't work.** 내 다이어트 계획은 **효과가 없었어**.

work의 다양한 의미

1. 일하다
2. (시간/일정이) 되다
3. (어떤 것이) 작동하다, 되다
4. (약/방법 등이) 효과가 있다

Lesson 2

음성 강의 ▶ 

pick up: ‘데리러 오다’ 외에도 ‘이어서 계속하다, 사다’

평소에 pick up 하면
떠오르는 뜻은?

한국인에게 익숙한 영어

데리러 오다

네이티브 영어

데리러 오다,
이어서 계속하다, 사다

VS

pick up은 누군가를 픽업하다, 즉 ‘데리러 오다’라는 뜻 외에 **‘(중단된 상황으로 돌아가) 이어서 계속하다’**, **‘(간단히) 사다’**라는 의미로도 쓰여요. 정확한 의미를 모르면 오역할 수도 있기 때문에 pick up의 의미 중 가장 자주 쓰이는 표현들은 꼭 알아 두세요.

❶ 누군가를 데리러 오다

- Could you **pick** me **up** from work? 회사에 나 좀 **데리러 와줄 수 있어?**
  Sure. What time should I **pick** you **up**? 그럼. 몇 시쯤 **데리러 가면 될까?**

❷ 중단된 상황으로 돌아가 이어서 계속하다

- Let's **pick** this **up** tomorrow. 내일 **이어서 계속하자.**
- Let's **pick** this **up** after lunch. 점심 먹고 **이어서 계속하자.**

❸ 간단히 사다

- I will go **pick up** some coffee. 내가 가서 커피 좀 **(간단히) 사올게.**

> TIP 특히 누군가를 위해 뭔가를 사올 때 buy보단 pick up을 쓰는 게 덜 부담스러워요. buy에 비해서 pick up은 간단히 (사서) 가져올 것 같은 느낌이에요.

- Can you **pick up** some milk on your way home?
  집에 오는 길에 우유 좀 **사올 수 있어?**
  OK, I will. 그래, 그럴게.

pick up의 다양한 의미

1. (누군가를) 데리러 오다
2. (중단된 상황으로 돌아가) 이어서 계속하다
3. (간단히) 사다

Lesson 3

work out: '운동하다' 외에도 일이 '잘 풀리다'

평소에 work out 하면
떠오르는 뜻은?

한국인에게 익숙한 영어

운동하다

네이티브 영어

운동하다, (일이) 잘 풀리다

VS

work out은 우리에게 익숙한 **'운동하다'**라는 뜻 외에도 **'(일이) 잘 풀리다'**라는 의미로도 쓰여요. 일이 원하던 방식으로 잘 풀리거나 진행될 때 주로 사용하죠.

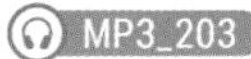

❶ 기구로 근력 운동을 하거나 헬스장에서 운동하다

- What are you up to? 뭐해?
  I'm just **working out** at the gym. 그냥 헬스장에서 **운동하고** 있어.

> TIP work out은 기구로 하는 근력 운동이나 헬스장에서 하는 운동을 의미하고 exercise는 포괄적인 운동을 의미합니다.

❷ 일이 잘 풀리다

- I hope everything **works out.** 모든 게 다 **잘 풀리길** 바라.

- Did it **work out?** 그 일은 **잘 풀렸어**?
  Unfortunately, it didn't. 안타깝게도, 잘 풀리지 않았어.

> TIP 외운 단어들을 실제로 써먹고 싶다면 꼭 평소에 쓰는 말투와 단어로 외워야 해요. 예를 들어, unfortunately를 '불행하게도'라고 외우면 어렵게 느껴지지만, '안타깝게도'라고 외우면 더 쉽게 쓸 수 있거든요. fortunately도 '운 좋게도'보다는 '다행히도'라고 외워 두세요.

work out의 다양한 의미

1. (기구로 근력 운동을 하거나 헬스장에서) 운동하다
2. (일이) 잘 풀리다

Lesson 4

get together: '모으다' 외에 사람들과 만날 때도 쓰는 표현!

평소에 get together 하면
떠오르는 뜻은?

한국인에게 익숙한 영어

모으다

네이티브 영어

모으다, 정신 차리다, (사람들과) 모이다/만나다

VS

get together는 '모으다'라고 많이 외우는데, 사실 그보다 **'정신 차리다'**, **'(사람들과) 모이다/만나다'**라는 의미로 훨씬 더 자주 쓰여요. 변화의 과정을 강조하는 get과 '함께'란 의미의 together가 합쳐져 **'함께 하게 되다'**라는 뜻이 되는 거죠. 친구와 만나자고 할 때 익숙한 meet 대신 get together도 사용해 보세요.

MP3_204

❶ 모으다 → 정신 차리다

• **Get** yourself **together.** (흩어진 마음을 한 곳에 **모으듯**) **정신 차려.**

TIP 정신이 없을 땐 마음이 사방팔방에 가 있죠? 그런 흩어진 마음을 한 곳아 모아 정신 차리라고 할 때 Get yourself together!라고 합니다.

• I need to **get** myself **together.** 나 **정신 차려야** 해.

❷ 사람들과 모이다/만나다

• Let's **get together** sometime. 언제 시간될 때 한번 **만나자.**
Yeah, we should. 그래, 그래야지.

• Let's **get together** for a drink sometime. 언제 시간될 때 **만나서** 술 한잔하자.

TIP 간단히 술 마시자고 할 땐 부담되지 않게 drinks보다 a drink를 쓰세요.

• Let's **get together** again soon. 곧 다시 또 **만나자.**

get together의 다양한 의미

1. 모으다 → 정신 차리다
2. (사람들과) 모이다/만나다

Lesson 5

음성 강의 ▸ 

put together: 이것저것 모아 준비할 때 쓰는 표현!

평소에 put together 하면
떠오르는 뜻은?

한국인에게 익숙한 영어	네이티브 영어
(이것저것 모아) 만들다	(이것저것 모아) 만들다, 준비하다

VS

put together는 **'(이것저것 모아) 만들다'**, **'준비하다'**란 의미로 자주 씁니다. 뭔가를 준비한다고 할 때 prepare(단단히 대비하다) 또는 get ready(순간 에너지를 쏟아 준비하다)를 먼저 생각하지만, **부분부분을 모아 하나의 결과물을 만들 땐 put together**를 가장 많이 씁니다.

❶ 이것저것 모아 하나의 결과물을 만들다

- Let's **put together** a team. (여러 사람들을 **모아**) 팀을 **만들어보자**.
- Please **put your hands together.** (두 손을 **모아**) **박수 쳐주세요**.

TIP Put your hands together.라고 하면 두 손을 모아 "박수 쳐주세요."란 의미입니다. '박수 치다'라고 하면 떠오르는 clap은 뭔가를 기념하거나 환영하기 위한 박수가 아닌 흥겹게 장단에 맞추기 위해 치는 박수를 의미해요.

❷ 부분부분을 모아 준비하다

- I'll **put together** a report. 제가 보고서를 **준비할게요**.
- I'll **put together** a presentation. 제가 프레젠테이션을 **준비할게요**.
- I've **put together** a proposal. 제가 제안서를 **준비했어요**.
- **Put this together** fast. 이것 좀 빨리 **준비해줘**.
  OK, I will. 네, 그럴게요.

put together의 다양한 의미

1. (이것저것 모아 하나의 결과물을) 만들다
2. (부분부분을 모아) 준비하다

Lesson 6

come up with: 아이디어, 돈 등을 어떻게 마련할지 해결책이 생각날 때!

평소에 come up with 하면
떠오르는 뜻은?

한국인에게 익숙한 영어

생각해내다

네이티브 영어

생각해내다, 마련하다

VS

come up with는 마치 머리에서 어떤 해결책이나 아이디어 등이 딱 떠오르는 것처럼, **뭔가를 생각해내고 방안을 마련할 때** 정말 자주 쓰이는 표현이에요. 단순히 머릿속으로만 생각해보는 think와 달리 실제 **해결책이 떠오르거나 구체적인 방안을 마련했을 때** 쓸 수 있는 말이에요.

❶ 해결책, 아이디어 등을 **생각해내다**

- I **came up with** a better idea. 내가 더 나은 아이디어를 **생각해냈어.**
- I finally **came up with** a solution. 마침내 해결책을 **생각해냈어.**
- How did you **come up with** that idea? 그 아이디어는 어떻게 **생각해낸 거야?**

❷ 해결책, 아이디어, 돈 등을 **마련하다**

- I'll **come up with** a solution. 내가 해결책을 **마련할게.**
- We **came up with** a plan. 우리가 계획을 **마련했어/세웠어.**
- How did you **come up with** that money? 그 돈은 어떻게 **마련한 거야?**
  I worked 24/7. 주구장창 일만 했어.

TIP 네이티브들은 뭔가를 항상 한다는 걸 강조할 때 24/7을 자주 써요. 하루 24시간, 일주일 7일 주구장창 뭔가를 한다는 뉘앙스입니다.

come up with의 다양한 의미

1. (해결책, 아이디어 등을) 생각해내다
2. (해결책, 아이디어, 돈 등을) 마련하다

Lesson 7

figure:
명사는 '숫자/수치', 동사는 '곰곰이 생각하다'

평소에 figure 하면
떠오르는 뜻은?

한국인에게 익숙한 영어

장난감 피규어, 숫자

네이티브 영어

(명사) 숫자/수치,
(동사) 곰곰이 생각하다

VS

figure는 발음 그대로를 보고 '장난감 피규어'로 아는 분들도 많고, 영어 공부를 조금 한 분들은 '숫자' 정도로만 아실 거예요. 사실 figure는 명사로 **'숫자/수치'**란 의미가 있고, 동사로는 여러 상황과 경우의 수를 따져보며 **'곰곰이 생각하다'**란 의미가 있어요. **think보다 더 계산적으로 따져본다는 뉘앙스**로 자주 쓰여요.

MP3_207

❶ 명사로 숫자/수치

- Let me check those **figures.** 그 숫자/수치들 좀 확인해볼게.
  I already double-checked them. 이미 내가 재차 확인했어.

> TIP 두 번 확인할 정도로 꼼꼼히 확인했다는 걸 강조할 땐 double-check을 써요.
> e.g. I double-checked everything. 모든 걸 꼼꼼히 재차 확인했어.

- They offered me a **six-figure** salary. 그들이 내게 **억대** 연봉을 제시했어.
  Wow, congratulations! 이야, 축하해!

> TIP '억대 연봉'처럼 우리나라에도 '억대'가 상징하는 의미가 있죠. 영어도 똑같이 $100,000(미화로 여섯 자리 숫자)라고 하면 한화로 억대가 되므로, '억대 연봉'을 six-figure salary라고 합니다.

❷ 동사로 여러 경우의 수를 계산해보듯 곰곰이 생각하다

- I **figured** you were hungry. 네가 배고플 거라 **(곰곰이) 생각했어.**

- Why didn't you call me? 왜 나한테 전화 안 했어?
  I **figured** you were busy. 네가 바쁠 거라고 **(곰곰이) 생각했어.**

figure의 다양한 의미

1. 명사: 숫자/수치
2. 동사: (여러 경우의 수를 계산해보듯) 곰곰이 생각하다

Lesson 8

음성 강의 ▶

figure out: 곰곰이 생각 후 뭔가를 알아내고 이해할 때!

평소에 figure out 하면
떠오르는 뜻은?

한국인에게 익숙한 영어

알아내다

네이티브 영어

(곰곰이 생각 후)
알아내다/이해하다

VS

앞에서 동사 figure는 '(곰곰이) 생각하다'란 의미가 있다고 알려드렸죠. **figure out**은 곰곰이 생각해본 후 뭔가가 나온다(out)는 느낌으로 **'(곰곰이 생각 후) 알아내다/이해하다'**란 의미가 있어요. 그냥 쉽게 알아낸 게 아니라 이것저것 따져보며 생각해본 후 해결책을 알아냈거나 상황을 이해했을 때 쓸 수 있어요.

❶ 곰곰이 생각 후 해결책, 답 등을 알아내다

- I **figured out** how old she is. (곰곰이 생각 후) 그녀가 몇 살인지 **알아냈어.**
- I **figured out** how much it is. (곰곰이 생각 후) 그게 얼마인지 **알아냈어.**
- Don't worry. We'll **figure something out.**
  걱정 마. 우린 (곰곰이 생각해본 후) 어떻게든 해볼 거야.

> TIP 아직은 마땅한 해결책이나 방법이 없지만 어떻게든 해보겠다란 뉘앙스로 figure something out이 정말 자주 쓰여요.

❷ 곰곰이 생각 후 상황을 이해하다

- I can't **figure out** why. (곰곰이 생각해봐도) 왜 그런지 **이해가** 안 돼.
- I can't **figure out** how to do this.
  (곰곰이 생각해봐도) 이걸 어떻게 하는 건지 **이해가** 안 돼.
- I can't **figure out** why she is upset.
  (곰곰이 생각해봐도) 왜 그녀가 속상해하는지 **이해가** 안 돼.

figure out의 다양한 의미

1. (곰곰이 생각 후 해결책, 답 등을) 알아내다
2. (곰곰이 생각 후 상황을) 이해하다

음성 강의 ▸ 

Lesson 9

at all:
not at all은 '전혀', at all은 '조금이라도'

평소에 at all 하면
떠오르는 뜻은?

한국인에게 익숙한 영어

not at all은 아는데
at all도 따로 쓸 수 있나요?

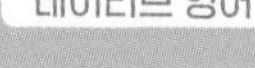

조금이라도

VS

not at all이 **'전혀'**란 의미로 쓰인다는 건 알지만, 많은 분들이 at all의 의미는 잘 모르더라고요. **at all**은 **'조금이라도'**란 의미로, **의문문과 조건문에서** 쓰여요. not at all은 사실 'not(아닌)+at all(조금도)'이 합쳐져 '전혀 (아닌)'이란 뜻으로 쓰이는 거죠. at all의 의미를 모르면 쓰기 어려울 수 있으니 꼭 외워 두세요.

❶ (의문문) 조금이라도

- Did you sleep **at all?** 잠을 **(조금이라도)** 자긴 한 거야?
- Did you eat **at all?** 뭐를 **(조금이라도)** 먹긴 한 거야?
  Yeah, I just had a sandwich. 응, 방금 샌드위치 먹었어.
- Did you study **at all?** 공부를 **(조금이라도)** 하긴 한 거야?
  No, **not at all.** 아뇨. **전혀요.**

❷ (조건문) 조금이라도

- Please call me if you need anything **at all.**
  조금이라도 필요한 게 있으시면 제게 전화주세요.
  I will. Thank you. 그럴게요. 고맙습니다.
- Text me if you need anything **at all.** **조금이라도** 필요한 게 있으면 내게 문자줘.

at all의 다양한 의미

1. (의문문) 조금이라도
2. (조건문) 조금이라도

Lesson 10

음성 강의 ▶

check out: 뭔가를 추천하거나 추천받을 때 쓰는 표현!

평소에 check out 하면
떠오르는 뜻은?

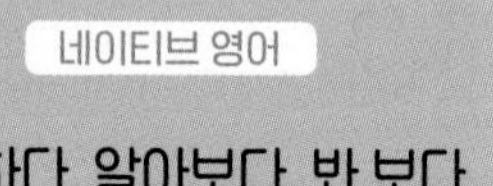

한국인에게 익숙한 영어

확인하다

네이티브 영어

확인하다, 알아보다, 봐 보다

VS

check out을 **'확인하다'**라고만 외우면 은근히 쓰기 어려워요. 일상회화에서 check out은 **뭔가를 부담 없이 추천하거나 추천 받을 때 '알아보다', '봐 보다'**란 의미로 가장 많이 쓰입니다. '추천하다'라는 뜻의 recommend보다 더 가볍게 쓸 수 있는 표현이니 알아 두고 자주 사용하세요.

'확인하다' 외의 check out 뜯어보기

MP3_210

❶ 뭔가를 추천할 때 알아보다, 봐 보다

- You should **check out** that movie. 그 영화 괜찮으니 **한번 알아봐.**
- **Check out** that guy. He's so handsome! 저 남자 좀 **봐 봐.** 정말 잘생겼다!

❷ 뭔가를 추천 받을 때 알아보다, 봐 보다

- I'll **check it out.** 한번 알아볼게요.

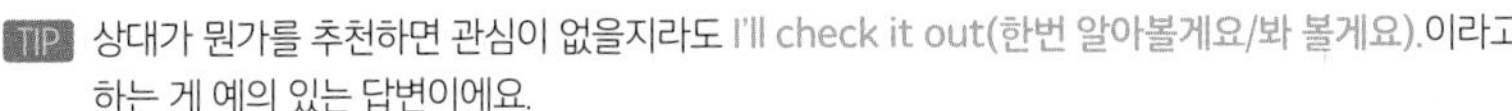

TIP 상대가 뭔가를 추천하면 관심이 없을지라도 I'll check it out(한번 알아볼게요/봐 볼게요).이라고 하는 게 예의 있는 답변이에요.

- You should **check out** that café. 그 카페 괜찮으니 **한번 알아봐.**
  I'll definitely **check it out** sometime. 시간될 때 꼭 **한번 알아볼게.**
- **Check out** this video! It's awesome! 이 비디오 **한번 봐!** 정말 멋져!
  OK, I'll **check it out** after work! 응, 퇴근하고 **한번 봐 볼게!**

check out의 다양한 의미

1. (뭔가를 추천할 때) 알아보다, 봐 보다
2. (뭔가를 추천 받을 때) 알아보다, 봐 보다

다음 빈칸을 채우면서 Lesson 1~10에서 배운 내용을 복습해 보세요.

1 Does Monday __________ for you?
월요일에 시간 돼?

2 I will go __________ ________ some coffee.
내가 가서 커피 좀 (간단히) 사올게.

3 I hope everything __________ ________ .
일이 잘 풀리길 바라.

4 Let's ________ __________ for a drink sometime.
언제 시간될 때 만나서 술 한잔하자.

5 I'll ________ __________ a report.
제가 보고서를 준비할게요.

6 I __________ ________ with a better idea.
내가 더 나은 아이디어를 생각해냈어.

7 I __________ you were busy.
네가 바쁠 거라 (곰곰이) 생각했어.

8 I can't figure ________ why.
(곰곰이 생각해봐도) 왜 그런지 이해가 안 돼.

9 Text me if you need anything ______ ______ .
조금이라도 필요한 게 있으면 내게 문자줘.

10 You should __________ ________ that movie.
그 영화 괜찮으니 한번 알아봐.

정답 1 work 2 pick / up 3 works / out 4 get / together 5 put / together 6 came / up 7 figured 8 out 9 at / all 10 check / out

Culture Point

포장 문화가 정말 잘 되어 있는 미국 음식점

미국 여행을 해보셨다면 느꼈겠지만 미국 음식점은 대개 한국 음식점보다 양이 많아요. 그리고 포장 문화도 정말 잘 되어 있어서, 음식이 꽤 남았는데 포장해 가겠다고 하지 않으면 음식이 맛없었냐고 물어본답니다.

남은 음식이나 음료를 포장해 갈 때는 아래 표현을 쓰시면 됩니다.

Can I get a to-go box?
남은 음식을 포장할 수 있는 용기 좀 주실 수 있나요?

Can I get a to-go cup?
남은 음료를 포장할 수 있는 컵 좀 주실 수 있나요?

물론 고급 음식점들은 양이 적어서 포장할 게 따로 없을 수도 있지만, 캐주얼한 음식점 대부분은 양이 많으니 남은 음식은 버리지 말고 포장해 가보세요.

Lesson 11

음성 강의 ▶ 

company: '회사' 외에도 '함께 있는 사람들'을 의미하는 단어

평소에 company 하면
떠오르는 뜻은?

한국인에게 익숙한 영어	네이티브 영어
회사	회사, 함께 있음, 함께 있는 사람들

VS

company를 보면 **'회사'**란 의미가 먼저 생각나죠. 하지만 '회사' 외에도 **'함께 있음'**, **'함께 있는 사람들'**이란 의미로 자주 쓰여요. 단순히 '회사'라는 의미만 알면 해석이 안 될 때가 많으니 company의 다양한 뉘앙스와 활용법도 알아 두세요.

'회사' 외의 company 뜯어보기

❶ 함께 있음

- I enjoyed your **company.** 너와 **함께 해서** 즐거웠어.

> TIP 같이 밥을 먹든, 수다를 떨든 헤어질 때 I enjoyed your company.(함께 해서 즐거웠어.)라고 하면 그냥 Bye!만 하고 헤어지는 것보다 더 듣기 좋은 표현이 돼요.

- I enjoy your **company.** 너와 **함께 있는 건** 늘 즐거워.

> TIP 일상생활에서 반복되는 패턴은 현재형 동사를 사용해서 표현해요. 누군가와 시간을 보내는 게 늘 즐겁다면 I enjoy your company.라고 할 수 있어요.

❷ 함께 있는 사람들, 손님

- Do you need **company?** (함께 한다는 뉘앙스) **같이 갈 사람**이 필요해?
  Yeah, please keep me **company.** 응, 나랑 **같이 가**줘.
- Do you have **company?** 손님 오셨어?
- I have **company.** 손님이 오셨어.

company의 다양한 의미

1. 회사
2. 함께 있음
3. 함께 있는 사람들, 손님

Lesson 12

음성 강의 ▶ 

takeaway: 영국에선 '포장 음식', 미국에선 '핵심 요점/정보'

평소에 takeaway 하면
떠오르는 뜻은?

한국인에게 익숙한 영어

가져가다

네이티브 영어

(영국) 포장 음식,
(미국) 핵심 요점/정보

VS

영국에선 가지고 가서 먹는 **포장 음식(takeout)을 takeaway**라고 해요. **미국에서** 회사에 다닐 때 중요한 미팅이 끝날 때마다 상사가 제게 What is your takeaway?라고 물어봤는데요. 이때의 takeaway는 **이 상황에서 얻어 가고 싶은, 꼭 기억해야 할 '핵심 요점 및 정보'**를 의미했어요. 두 의미가 연관 없어 보이겠지만, 기본적으로 '무언가를 가지고 가는' 뉘앙스가 있으니 연상하면서 외워 두세요.

❶ [영국] 가지고 가서 먹는 포장 음식

- Let's have a **takeaway** tonight. 오늘 밤엔 **포장 음식(테이크아웃)** 먹자.
  Sounds good! 좋아!

- I had an Indian **takeaway**. 나 인도 음식 **포장해서(테이크아웃)** 먹었어.
  How was it? (맛은) 어땠어?

❷ [미국] 이 상황에서 얻어 가고 싶은 핵심 요점/정보

- What's your **takeaway**? 네가 **가장 중요하다고 생각한 내용**이 뭐야?

> TIP 네이티브의 정확한 뉘앙스를 알기 위해선 영영사전을 보는 게 가장 정확해요. takeaway를 영영사전에서 찾아보면 'a main message or piece of information that you learn from something you hear or read'라고 나와요. '듣거나 읽은 것으로부터 배운 핵심 요점이나 정보'라는 의미죠.

- What is your **takeaway** from this meeting?
  네가 이 회의에서 **가장 중요하다고 생각한 내용**이 뭐야?

takeaway의 다양한 의미

1. [영국] 가지고 가서 먹는 '포장 음식'
2. [미국] 이 상황에서 얻어 가고 싶은 '핵심 요점/정보'

Lesson 13

음성 강의 ▶

alien: 이민 서류에 쓰이는 alien은 '외계인'이란 의미?

평소에 alien 하면
떠오르는 뜻은?

한국인에게 익숙한 영어

외계인

네이티브 영어

외계인, 외국인 체류자

VS

처음 미국에 가서 제 이민 상태를 체크할 때 'U.S. Citizen / permanent resident / alien' 이렇게 옵션이 있더라고요. '미국 시민권자'도 아니고 '외계인'도 아니니 permanent resident(영주권자)에 체크해야 하는 건가 엄청 헷갈렸어요. 알고 보니 **'외국인 체류자'**도 **alien**이라고 하더라고요. **non-citizen, foreigner, alien** 셋 다 '외국인 체류자'란 의미로 쓰니까 알아 두세요.

❶ 외계인

- I believe in **aliens.** 난 **외계인**의 존재를 믿어.
- I don't believe in **aliens.** 난 **외계인**의 존재를 믿지 않아.

- Do you believe in **aliens?** 넌 **외계인**이 있다는 걸 믿어?
  No, not really. 아니, 별로.

TIP 뭔가의 존재나 가능성을 믿을 땐 believe in을 써요. 신을 믿는다고 할 때, 또는 일상 회화에서 상대의 가능성을 믿는다고 할 때 believe in을 쓸 수 있어요.

e.g. I believe in you. 난 네 가능성을 믿어.

❷ 다른 나라에서 왔다는 뉘앙스로 외국인 체류자

- Is she an **alien?** 그녀는 **외국인 체류자**인가요?

- Are you a permanent resident? 당신은 영주권자인가요?
  No, I'm an **alien.** 아뇨, 전 **외국인 체류자**입니다.

alien의 다양한 의미

1. 외계인
2. (다른 나라에서 왔다는 뉘앙스로) 외국인 체류자

Lesson 14

음성 강의 ▶

the minute:
'분' 말고 '~하자마자'

평소에 the minute 하면
떠오르는 뜻은?

한국인에게 익숙한 영어

(시간의) 분

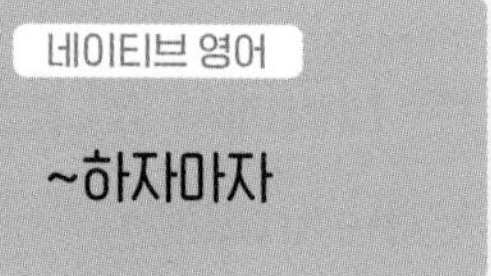

네이티브 영어

~하자마자

VS

'~하자마자'라고 하면 주로 **'as soon as 주어+동사'**를 쓰는데요. 네이티브들은 **'the minute 주어+동사'**도 자주 써요. 특정 행동이 일어난 시간을 분 단위로 말할 만큼 짧은 시간이라는 의미죠. 이보다 더 강조해서 **'the second 주어+동사'**도 씁니다.

❶ as soon as 주어+동사

- I'll call you **as soon as** I get home. 내가 집에 **가자마자** 전화할게.

❷ 강조해서 the minute 주어+동사

- I'll call you **the minute** I am done. 내가 **끝나자마자** 전화할게.
- Call me **the minute** you get back. (집, 회사 등에서) **돌아오자마자** 전화해.

- **The minute** I saw you, I fell in love. 널 **보자마자**, 난 사랑에 빠졌어.
  You're so cheesy. (오글거릴 때) 너 정말 느끼하다.

❸ 더 강조해서 the second 주어+동사

- I will text you **the second** I am done. **끝나자마자 바로** 문자할게.

- Can you call me **the second** you are done?
  끝나자마자 바로 전화 줄 수 있어?
  Of course. 그럼.

'~하자마자'의 다양한 표현

1. as soon as 주어+동사
2. [강조] the minute 주어+동사
3. [더 강조] the second 주어+동사

Lesson 15

suit: '어울리다'란 의미로 칭찬할 때 빛을 발하는 단어

평소에 suit 하면
떠오르는 뜻은?

한국인에게 익숙한 영어	네이티브 영어
(명사) 정장	(명사) 정장, (동사) 어울리다

VS

suit은 **명사로 '정장'**이라는 의미도 있지만, **동사로 '어울리다'**라는 뜻도 있어요. 동사 suit은 **상대를 칭찬할 때** 빛을 발해요. beautiful, handsome 같은 칭찬은 잘못하면 자칫 사적인 감정이 있는 것처럼 들릴 수 있지만, suit은 단순히 **의상, 직업 등이 잘 '어울린다/맞는다'**라는 의미로 부담 없이 쓸 수 있거든요.

❶ 명사로 정장

- I like your **suit.** (마음에 들 정도로) **정장**이 근사한걸요.
  Thanks! 고마워요!

- Did you bring your **suit?** 네 **정장** 가져왔어?
  No, it slipped my mind. 아니, 깜빡 잊어버렸어.

TIP 뭔가를 잊어버렸을 땐 I forgot을 쓰는데, 순간 깜빡 잊어버렸다는 걸 강조해서 말할 땐 It slipped my mind.라고 합니다. 내 머릿속을 미끄러져(slip) 나가버렸다는 뜻이죠.

❷ 동사로 어울리다/맞다

- It **suits** you. 그거 너에게 **어울려.**
- Blue **suits** you. 파란색이 너에게 **어울리는걸.**
- Your glasses **suit** you. 네 안경이 너에게 **어울리는걸.**

suit의 다양한 의미

1. [명사] 정장
2. [동사] 어울리다/맞다

Lesson 16

음성 강의 ▶ 

awfully: '끔찍하게도'뿐 아니라 '정말', '몹시'

평소에 awfully 하면
떠오르는 뜻은?

한국인에게 익숙한 영어

끔찍하게도

VS

네이티브 영어

정말, 몹시

awful은 안 좋은 일이 일어났을 때 '끔찍한'이란 의미로 쓰이는 형용사인데, 네이티브들은 awful의 부사 형태인 **awfully를 '정말', '몹시'** 이렇게 강조할 때 자주 써요. 우리도 정말 사랑스럽다는 걸 말할 때 '끔찍이 사랑스럽다'고 말하죠. 영어에서도 똑같이 awfully cute 하면 '끔찍이도/엄청 귀여운'이란 의미가 돼요.

MP3_216

❶ 정말, 몹시

- I am **awfully** sorry. **몹시** 미안해.
- It's **awfully** cold today! 오늘 **정말** 춥다!
- You are **awfully** quiet today.
  (상대가 유난히 말이 없을 때) 너 오늘따라 **정말** 조용한걸.
  I am not in a good mood. 오늘 기분이 별로야.

TIP 기분이 안 좋을 땐 I'm not in a good mood.라고 하면 돼요. 반대로 기분이 좋을 땐 I'm in a good mood.라고 하면 되고요.

- That's **awfully** convenient! 그거 **정말** 편리한걸!

주의 convenient와 comfortable은 약간의 차이가 있어요. 시간이나 돈을 아껴줘서 편리할 땐 convenient, 몸이 편안할 땐 comfortable을 써요.

e.g. 교통편이 좋아서 시간이나 돈을 아낄 수 있을 땐 It's convenient.
이불 속에서 뒹굴거리며 쉴 땐 몸이 편안하니 It's comfortable.

awfully의 정확한 의미

1. ('끔찍이'처럼 강조하면서) 정말, 몹시

Lesson 17

음성 강의 ▶

make:
'만들다' 외에 '(힘들게) 해내다'라는 단어

평소에 make 하면
떠오르는 뜻은?

한국인에게 익숙한 영어	네이티브 영어
만들다	만들다, (힘들게) 해내다/도달하다

VS

make를 보면 '만들다'란 의미가 먼저 생각나죠. 근데 **뭔가를 힘들게 해낼 때 또는 어딘가에 힘들게 도달할 때도 make**가 쓰여요. 꼭 큰 목표가 아니더라도 약속 장소에 겨우 제시간에 도착하는 것처럼 일상생활에서의 소소한 목적 달성에도 쓰이는 표현입니다.

목표를 이룰 때 쓰는 make 뜯어보기

MP3_217

❶ 힘들게 ~을 해내다

- You are going to **make it!** (고비나 어려움이 있더라도) 넌 **해낼** 거야!
- You **made it!** (고비나 어려움이 있었지만) **해냈구나!**
  I couldn't have done it without you. 다 네 덕분인걸.

❷ 겨우 ~에 도달하다/이르다

- You **made it!** (못 올 줄 알았는데) **왔구나!**
- I don't think I can **make it.** (가려고 했는데) 못 **갈 것** 같아요.

> TIP make는 초대받은 곳에 못 갈 때 빛을 발해요. 그냥 안 가는 게 아니라 가려고 노력했는데 못 간다는 뉘앙스로, 더 완곡한 표현입니다.

- Were you late to work? 회사에 지각했어?
  No, I **made it** on time. 아니, (늦을 줄 알았는데) **겨우 도착했어.**

'목표를 이룰 때 쓰는 make'의 다양한 의미

1. (힘들게) ~을 해내다
2. (겨우) ~에 도달하다/이르다

Lesson 18

room:
'방' 외에 '여유 공간 및 여지'를 의미하는 단어

평소에 room 하면
떠오르는 뜻은?

한국인에게 익숙한 영어	네이티브 영어
방	방, 여유 공간, 여지

VS

room은 '방' 외에도 **'(특정 목적을 위한) 여유 공간'** 또는 **'여지'**란 의미가 있어요. 카페에서 드립 커피를 주문하면 Do you need room for milk?(우유를 넣을 공간이 필요한가요?)라고 물어봐요. 그때 yes라고 하면 커피 양을 정량보다 조금 적게 줍니다. 이처럼 room이 '여유 공간', '여지'로 쓰일 때의 활용법도 알아 두세요.

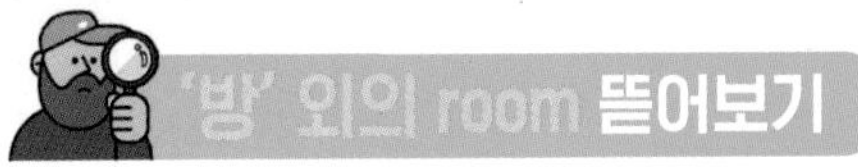

❶ 특정 목적을 위한 여유 공간/자리

- Do you have enough **room?** **여유 공간** 충분히 있나요?

> TIP 차에 타서 뒷좌석에 있는 사람에게 자리가 괜찮은지 물어볼 때 Do you have enough room?(여유 공간이 충분히 있나요?)이라고 해요.

- Is there **room** for one more? 한 명 더 탈 **여유 자리** 있어요?
  Yeah, sure. 응, 그럼.

- Save **room** for dessert. 디저트 먹을 **(여유) 배** 남겨 놔.

❷ 여유/여지

- There is no **room** for error. 실수할 **여유** 없어.
  I got it. 알겠습니다.

- There is **room** for improvement. (부족한 점이 있지만) 개선의 **여지**가 있어.

> TIP There is room for improvement.라고 하면 못한 것을 지적만 하는 게 아니라 개선의 여지가 있다고 다독여 주기도 하는 표현이에요.

room의 다양한 의미

1. 방
2. (특정 목적을 위한) 여유 공간/자리
3. 여유/여지

Lesson 19

음성 강의 ▶

be stuck: 차가 막혀 꼼짝 못할 때!

평소 차가 막혀 꼼짝 못할 때
떠오르는 단어는?

한국인에게 익숙한 영어

There is a traffic jam.

VS

네이티브 영어

be stuck

교통 체증이 있을 때 traffic jam, bumper to bumper를 응용해서 표현해도 맞지만, 차가 막혀 꼼짝 못한다는 걸 강조할 땐 be stuck이 가장 많이 쓰여요. 차가 막힐 때뿐 아니라, **일이 많아 회사에서 꼼짝 못할 때 등 원치 않는 상황에 처해 있을 때** 자주 쓰는 표현입니다. 이 의미와 연관시켜서 **'답이 막히거나 이해가 안 된다'**라는 의미로도 쓰여요.

❶ 원치 않는 상황 및 장소에 갇혀 꼼짝 못하다, 빠져나갈 수가 없다

- What are you up to? 뭐해?
  I am stuck at work. 회사에 일이 많아 **꼼짝 못하고 있어.**

- Are you on your way home? 지금 집에 오는 길이야?
  Yeah, but **I am stuck** in traffic. 응, 근데 차가 막혀 **꼼짝 못하고 있어.**

- **I got stuck** in traffic. (갑자기) 차가 막혀 **꼼짝 못하게 되었어.**

TIP be stuck은 현재 차가 막혀 꼼짝 못하고 있다는 걸 의미하고, get stuck은 원래는 안 막혔는데 갑자기 막히게 된 '상황의 변화'를 강조하는 의미예요.

❷ 대답이 막히다, 이해가 안 되다

- **I am stuck** here. 이 부분이 **이해가 안 돼.**
- **I was stuck** here. 이 부분이 **이해가 안 됐어.**

be stuck의 다양한 의미

1. (원치 않는 상황 및 장소에) 갇혀 꼼짝 못하는, 빠져나갈 수가 없는
2. 대답이 막힌, 이해가 안 되는

Lesson 20

I insist:
호의를 베풀며 거절하지 말라고 할 때!

평소에 I insist 하면
떠오르는 뜻은?

한국인에게 익숙한 영어

나는 강하게 주장한다

네이티브 영어

(호의를 베풀며) 거절 말아

VS

insist를 보면 **'(강하게) 주장하다'**란 의미가 생각나죠. 너무 센 단어여서 일상 회화에서는 왠지 잘 쓰지 않을 것 같지만, 사실 **insist는 호의를 베풀 때** 정말 자주 쓰여요. 상대가 미안해서 내 호의를 거절할 때 **꼭 베풀고 싶은 마음을 거절하지 말라는 뉘앙스**로 I insist를 쓰면 됩니다.

❶ 호의를 베풀며 거절 말아

- It is my treat. **I insist.** 그건 제가 대접해 드릴게요. **거절 마세요.**
- Lunch is my treat. **I insist.** 점심은 제가 대접해 드릴게요. (꼭 사고 싶으니) **거절 마세요.**

> TIP ~ is my treat은 '제가 ~를 대접해 드릴게요'란 의미로, I insist(꼭 제가 사고 싶으니 거절하지 마세요)와 짝꿍 표현으로 쓰입니다.

- I'll take a cab. 전 택시 탈게요.
  No, let me give you a ride. **I insist.** 아뇨, 제가 모셔다드릴게요. **거절 마세요.**
- Stay for dinner. **I insist.** 저녁 먹고 가. **거절 말고.**

> TIP Stay for ~은 '~까지 있다 가세요'란 뜻으로, 뒤에 커피, 점심, 저녁 등 상대에게 대접하고 싶은 것이 따라와요.
>
> e.g. Stay for lunch. 점심 먹고 가.

I insist의 정확한 의미

1. I insist: (호의를 베풀며) 거절 말아

다음 빈칸을 채우면서 Lesson 11~20에서 배운 내용을 복습해 보세요.

1 I enjoyed your ___________ .
너와 함께 해서 즐거웠어.

2 What's your ___________ ?
네가 가장 중요하다고 생각한 내용이 뭐야?

3 I am an _______ .
저는 외국인 체류자입니다.

4 I'll call you ______ ______________ I am done.
내가 끝나자마자 전화할게.

5 Blue ________ you.
파란색이 너에게 어울리는걸.

6 You are ___________ quiet today.
너 오늘따라 정말 조용한걸.

7 I ________ it on time.
(겨우) 제시간에 도착했어.

8 There is no ________ for error.
실수할 여유 없어.

9 I am ________ at work.
회사에 일이 많아 꼼짝 못하고 있어.

10 Stay for dinner. I _________ .
저녁 먹고 가. 거절 말고.

정답 1 company 2 takeaway 3 alien 4 the / minute 5 suits 6 awfully 7 made 8 room 9 stuck 10 insist

Vocabulary Point

발음 외에 단어 자체가 다른 미국식 영어 VS 영국식 영어

미국식 영어만 공부하거나 영국식 영어만 공부하는 건 영어를 반만 공부하는 거나 다름없어요. takeaway를 미국에선 '핵심 요점/정보', 영국에선 '포장 음식'이라고 쓰는 것처럼 발음 외에 쓰는 단어 자체가 다른 일상회화 표현들이 정말 많거든요.

물론 요즘엔 글로벌 영어가 대세라 간혹 둘 다 섞어 쓰는 분들도 있지만, 의사소통이 어려울 정도로 다른 단어들도 있으니 꼭 알아 두세요.

	미국식 영어	영국식 영어
지하철	subway	underground
엘리베이터	elevator	lift
아파트	apartment	flat
줄	line	queue
화장실	restroom, bathroom	toilet, loo
감자튀김	fries	chips
(과자) 감자칩	chips	crisps
텔레비전	TV, television	TV, telly
횡단보도	crosswalk	zebra crossing
고속도로	highway	motorway

Chapter 3

한국인이 가장 많이 실수하는 영어 표현

Lesson 1 "나 허리가 아파."가 My back is sick?

Lesson 2 "서비스입니다."는 It's service?

Lesson 3 "수고하셨습니다."는 Thank you for your effort?

Lesson 4 "내가 샌드위치 만들었어."는 I cooked a sandwich?

Lesson 5 설레는 마음으로 '기대할 땐' expect?

Lesson 6 I am glad.는 기쁘다는 의미?

Lesson 7 upset을 화가 날 때 쓴다고?

Lesson 8 감기 걸려 병원에 갈 때도 hospital?

Lesson 9 '에그 스크램블'은 egg scramble?

Lesson 10 "놀자."라고 할 땐 Let's play?

Lesson 11 "나 2시에 잤어."라고 할 땐 I slept at 2?

Lesson 12 "나 강아지 좋아해."는 I like dog?

Lesson 13 '매일'은 everyday?

Lesson 14 "예약했어요."는 I reserved?

Lesson 15 "다시 봐서 반가워."는 Good to meet you again?

Lesson 16 "취업 준비생입니다."는 I'm a job seeker?

Lesson 17 "등산하러 가자."는 Let's climb a mountain?

Lesson 18 "취미가 뭐야?"는 What's your hobby?

Lesson 19 '네가 취업하면'은 If you get a job?

Lesson 20 '한 학기 휴학하다'는 take a leave of absence?

Lesson 1

음성 강의 ▸

"나 허리가 아파."가 My back is sick?

"나 허리가 아파."는
영어로 뭐라고 할까?

틀린 영어

My back is sick.

네이티브 영어

My back hurts.

VS

'아프다'라는 표현은 우리말로 할 땐 딱 한 단어로 해결되지만, 영어로는 아픈 정도나 부위에 따라 다양한 표현을 사용해요. 무조건 sick이라고 하면 부자연스럽게 들릴 수 있으므로 **상황에 따라 달리 쓰는 '아프다' 표현**들을 알아 두세요.

❶ 몸 전체가 아플 때나 몸살 기운이 있을 땐 be sick

- My brother **is sick.** (몸살 기운) 내 남동생이 **아파.**
- I **am sick.** 나 온몸이 아파.

❷ 특정 부위가 아플 때는 hurt

- My neck **hurts.** 나 목이 **아파.**
- My throat **hurts.** 나 목(구멍)이 **아파.**

  Do you want me to pick you up some medicine?
  내가 약 좀 사다 줄까?

  That would be great. 그럼 정말 좋겠다.

❸ 컨디션이 안 좋을 때는 not feel well

- I am **not feeling well** today. 나 오늘 **컨디션이 안 좋아.**

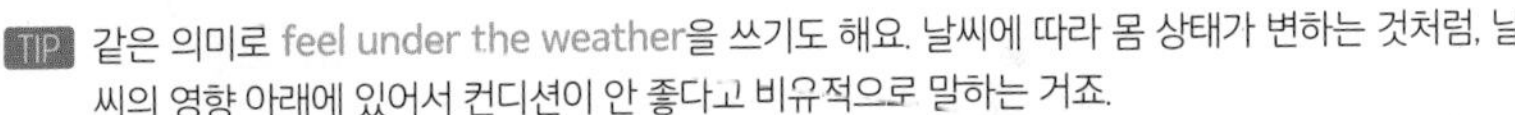

TIP 같은 의미로 feel under the weather을 쓰기도 해요. 날씨에 따라 몸 상태가 변하는 것처럼, 날씨의 영향 아래에 있어서 컨디션이 안 좋다고 비유적으로 말하는 거죠.

e.g. I am feeling under the weather. 나 컨디션이 안 좋아.

'아프다'의 다양한 표현

1. be sick: 몸 전체가 아프다, 몸살이 있다
2. hurt: 특정 부위가 아프다
3. not feel well/feel under the weather: 컨디션이 안 좋다

Lesson 2

음성 강의 ▶ 

"서비스입니다."는 It's service?

"(식당 등에서) 서비스입니다."는
영어로 뭐라고 할까?

틀린 영어	네이티브 영어
It's service.	It's on us.

VS

식당이나 카페에서 **뭔가를 '서비스'로 줄 때** It's service.라고 할 것 같지만, 네이티브들은 **It's on us.** 또는 **It's on the house.**라고 해요. 가격의 부담은 우리가 얹고(on) 가겠다는 뉘앙스예요. 이 표현을 모르면 서비스로 줘도 못 받을 수 있기 때문에 꼭 알아 두세요.

"(식당 등에서의) 서비스입니다." 뜯어보기

MP3_302

❶ It's on us.

- Coffee **is on us.** 커피는 서비스예요.

> TIP 누군가에게 맛있는 걸 사줄 땐 It's on me.(그건 내가 쏠게.)라고 해요. 여기에서도 그 가격의 부담은 내가 얹고(on) 가겠다는 뉘앙스로 쓰인 거죠.

- Lunch **is on me.** 점심은 **내가 쏠게.**
  No, it's **on me.** I insist. 아냐, **내가 쏠게.** (꼭 사고 싶으니) 거절 마.
- This round **is on me.** 이번 잔은 **내가 쏠게.**
  OK, next round **is on me.** 그래, 다음 잔은 **내가 쏠게.**

❷ It's on the house.

- Coffee **is on the house.** 커피는 **서비스예요.**
- First round **is on the house.** 첫 잔은 **서비스입니다.**

> TIP round는 전체적으로 짝 돌리는 뉘앙스입니다.

"(식당 등에서의) 서비스입니다."의 다양한 표현

1. It's on us.
2. It's on the house.

Lesson 3

"수고하셨습니다."는 Thank you for your effort?

"수고하셨습니다."는
영어로 뭐라고 할까?

애매한 영어	네이티브 영어
Thank you for your effort.	Thank you.

VS

수강생분들이 제게 종종 **"수고하셨습니다."**란 뜻으로 Thank you for your effort.를 쓰시는데요. 번역기에도 "수고하셨습니다."로 나오는 이 표현은 윗사람이 아랫사람에게 힘을 주기 위해 쓰거나, 아니면 일이 잘 풀리지는 않았지만 노력해줘서 고맙다는 뉘앙스로 쓰여요. 우리말의 "수고하셨습니다."로 말하려면 그냥 **Thank you.**만 써도 충분해요.

❶ 평소 수고했다고 할 땐 Thank you.

- OK, this is it for today. 오늘은 여기까지 하죠.
  OK, thank you. 네, 고맙습니다(수고하셨습니다).

> TIP This is it.은 "이게 끝이야/다야."라는 의미로, 미드나 영화에 정말 자주 나오는 표현이에요. 뒤에 today를 붙여 This is it for today.(오늘은 여기까지 하고 끝내자.) 하면 오늘 분량의 운동, 공부, 일 등이 끝났다는 말이에요.

❷ Thank you.보다 구체적으로 말하고 싶다면 for 활용

- **Thank you for your help.** I mean it. 도움 주셔서 고맙습니다. 진심으로요.

- **Thank you for everything.** 도움 주신 거 모두 고맙습니다.
  My pleasure. 오히려 제가 더 기쁜걸요.

"수고하셨습니다."의 다양한 표현

1. 평소 수고했다고 할 땐 Thank you.로 충분함
2. 더 강조하고 싶을 땐 Thank you for your help.(도움 주셔서 고맙습니다.) 또는 Thank you for everything.(도움 주신 거 모두 고맙습니다.)

Lesson 4

음성 강의 ▶

"내가 샌드위치 만들었어."는 I cooked a sandwich?

"내가 샌드위치를 만들었어."는
영어로 뭐라고 할까?

틀린 영어	네이티브 영어
I cooked a sandwich.	I made a sandwich.

VS

음식을 요리한다고 할 땐 cook이 생각나죠. 하지만 **cook은 불을 이용해 요리할 때만** 써요. 샌드위치나 샐러드처럼 **불이 필요 없는 음식을 만들 땐 make**를 씁니다. cook과 달리 **make는 모든 요리에 쓸 수 있는 표현**이니, 조리할 때 불을 썼는지 안 썼는지 생각하기 귀찮다면 그냥 편히 make를 쓰면 됩니다.

❶ 불이 필요 없는 음식엔 make (cook은 사용 불가)

- I **made** a salad. 내가 샐러드를 **만들었어.**
- Could you **make** some coffee? 커피 좀 **만들어** 줄 수 있어?
- I **made** a sandwich for you. 널 위해 샌드위치를 **만들었어.**
  Thank you. You are so sweet. 고마워. 정말 다정하다.

> TIP You are so sweet.에서 sweet을 '달콤한'이라고 해석하면 안 돼요. 상대가 날 위해 감동할 만한 행동을 했을 때 다정함을 칭찬하는 말이거든요.

❷ 불이 필요한 음식엔 make 또는 cook

- I **made/cooked** burgers. 내가 버거를 **만들었어.**
- I **made/cooked** dinner. 내가 저녁을 **만들었어.**
- I **made/cooked** breakfast. 내가 아침을 **만들었어.**
  Wow, everything looks delicious! 우와, 전부 다 맛있어 보이는걸!

'(음식을) 만들다'의 다양한 표현

1. 불이 필요 없는 음식엔 make (cook은 사용 불가)
2. 불이 필요한 음식엔 make 또는 cook

Lesson 5

음성 강의 ▸

설레는 마음으로 '기대할 땐' expect?

'기대하다'는
영어로 뭐라고 할까?

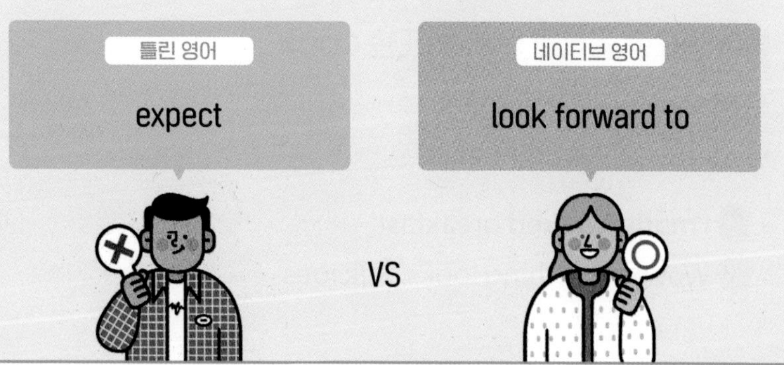

'기대하다'라는 표현을 생각하면 expect가 떠오르죠. 하지만 expect는 설렘이 하나도 없는 기대감, 즉 당연히 어떤 일이 일어날 거라고 예상할 때만 쓸 수 있어요. 승진, 결혼, 소개팅 등 **설렘이 있는 기대감엔 'look forward to+명사/-ing'**를 쓰세요.

❶ 당연히 어떤 일이 일어날 거라고 '기대하다', '예상하다'의 expect

- I **expect** this to be done.
  (주로 아랫사람에게 일을 시키며) 이걸 끝낼 거라고 **기대하고 있어.**
- I **expect** to see you. (당연히) 네가 올 거라고 **기대하고 있어.**
- She is **expecting** your call. (당연히) 그녀가 네 전화를 **기대하고 있어.**
  OK, I'll call her right away. 알겠습니다. 바로 전화드릴게요.

❷ '기대하다', '몹시 기다리다'의 look forward to

- I **look forward to** your call. 네 전화를 **몹시 기다리고 있어.**
- I **look forward to** seeing you. 널 보는 걸 **몹시 기대하고 있어.**
- I **look forward to** working with you. 함께 일하는 걸 **몹시 기대하고 있어요.**
  Same here. 저도요.

'기대하다'의 다양한 표현

1. 당연히 어떤 일이 일어날 거라고 예상할 땐 expect
2. 설렘을 갖고 기대할 땐 'look forward to+명사/-ing'

Lesson 6

음성 강의 ▶

I am glad.는 기쁘다는 의미?

I am glad.는
무슨 뜻일까?
애매한 영어
기뻐.
네이티브 영어
기뻐. / 다행이야.
VS

I am glad.는 **"기쁘다."**라는 뉘앙스로도 쓰이지만 **"다행이다."**라는 의미로도 자주 의역되어 쓰여요. I am glad.를 단독으로 써도 되고, 뒤에 구체적으로 다행이라고 느끼는 상황을 언급해도 좋아요. "기쁘다."라고만 알고 있으면 의사소통이 어려울 수도 있으니 잘 알아 두세요.

❶ 기뻐.

- **I am glad** to see you. 널 보니 **기쁜걸**.

- Thank you for your help. 도움 주셔서 고맙습니다.
  No problem. **I am glad** to help! 뭘요. 도움이 되어 **기쁜걸요**!

❷ 다행이야.

- I think I can make it to class. (못 갈 줄 알았는데) 수업에 갈 수 있을 것 같아요.
  I am glad. 다행이네요.

> TIP 위에 나온 상황은 평소 수강생들이 저에게 정말 많이 쓰는 표현인데요. 수업에 못 갈 줄 알았는데 갈 수 있을 것 같다고 할 때 I am glad.라고 대답하는 게 적격이에요.

- **I am glad** you are here. 네가 여기 있어 **다행이야**.
- **I am glad** you are okay. I was worried about you.
  네가 괜찮다니 **다행이야**. 걱정했었거든.

I am glad.의 다양한 의미

1. 기뻐.
2. 다행이야.

Lesson 7

upset을 화가 날 때 쓴다고?

upset은
무슨 뜻일까?

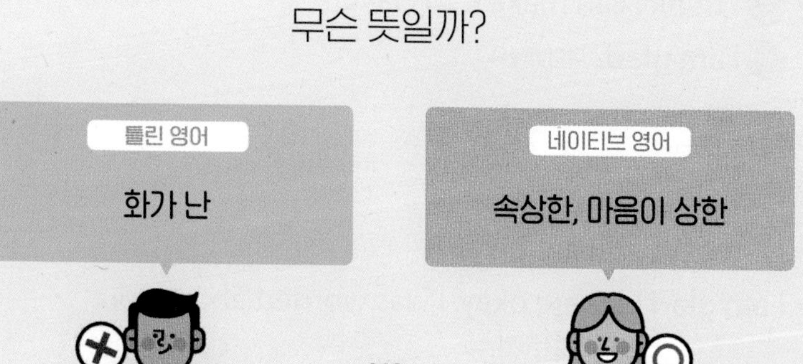

틀린 영어
화가 난
네이티브 영어
속상한, 마음이 상한
VS

많은 분들이 upset을 '화가 난'이라고 알고 계시는데요. 사실 **upset은 속상하거나 마음이 상했을 때** 쓰는 표현이에요. 예를 들어, 새로 산 핸드폰을 실수로 떨어뜨렸을 때 I'm upset.(속상해.)이라고 할 수 있는 거죠.

❶ 형용사로 속상한, 마음이 상한

- I am **upset.** 속상해.
- My boyfriend is **upset** with me. 내 남자 친구가 나 때문에 **속상해 해**.
- I am very **upset.** 정말 **속상하다**.
  Don't be. 그러지 마.
- Are you **upset?** 마음 상했어?
  Yes, I am very **upset!** 그래, 정말 **마음 상했어**!

❷ 동사로 속상하게 만들다

- You **upset** me. 네가 날 **속상하게 해**. = 너 때문에 **속상해**.
- I don't want to **upset** her. 그녀를 **속상하게 만들고** 싶지 않아.

upset의 다양한 의미

1. [형용사] 속상한, 마음이 상한
2. [동사] 속상하게 만들다

Lesson 8

음성 강의 ▶

감기 걸려 병원에 갈 때도 hospital?

'감기 걸렸을 때 가는 병원'은
영어로 뭐라고 할까?

틀린 영어	네이티브 영어
hospital	clinic, doctor's office

VS

'병원'을 영어로 생각하면 hospital이 떠오르죠? 근데 hospital은 감기나 복통처럼 일반 진료를 받는 동네 병원이 아닌 종합 병원처럼 큰 대형 병원을 의미해요. 비교적 **가볍게 진료를 받을 수 있는 작은 병원은 clinic 또는 doctor's office**라고 합니다.

❶ 종합 병원은 hospital

- I am at the **hospital.** (주로 수술을 받거나 큰 병일 때) 나 **병원**이야.
- I work at the **hospital.** 전 **(종합) 병원**에서 근무해요.
- My uncle is still in the **hospital.** 삼촌이 아직도 **병원**에 계셔.
  I hope he gets better soon. 곧 나아지셨으면 좋겠다.

❷ 일반 동네 병원은 clinic, doctor's office

- Let's go to the **clinic.** (일반 진료를 받기 위해) **병원**에 가자.
- I am at the **clinic.** 나 **(동네) 병원**에 왔어.
- Where are you? 너 어디야?
  I'm at the **doctor's office.** 나 **(동네) 병원**에 왔어.

'병원'의 다양한 표현

1. 종합 병원은 hospital
2. 일반 동네 병원은 clinic 또는 doctor's office

Lesson 9

음성 강의 ▶ 

'에그 스크램블'은 egg scramble?

'에그 스크램블'은
영어로 뭐라고 할까?

틀린 영어	네이티브 영어
egg scramble	scrambled egg

VS

일요일 브런치는 많은 미국인들에게 의미 있는 식사인데요. 저는 브런치를 먹을 때마다 계란 주문하는 게 너무 어렵더라고요. 브런치를 먹으러 레스토랑에 가면 **How would you like your eggs?(계란은 어떻게 조리해 드릴까요?)**라고 물어보는데, 그때 주문을 잘 할 수 있도록 내가 좋아하는 조리법을 꼭 알아 두세요.

MP3_309

❶ 두 개 이상 조리한 '에그 스크램블'은 scrambled eggs

→ scrambled(휘저어진)+eggs(계란)

- I like **scrambled eggs.** 난 에그 스크램블 좋아해.

- How would you like your eggs? 계란은 어떻게 조리해 드릴까요?
  Scrambled, please. 스크램블로 주세요.

TIP 계란 조리법을 물어볼 때 굳이 scrambled eggs라고 하지 않고 scrambled만 써도 돼요.

❷ 뒤집지 않고 한 면만 구운 '반숙'은 sunny-side up

→ 태양같이 노란 노른자가 위에 올라와 있다는 의미

- I like **sunny-side up.** 난 반숙이 좋아.

❸ 뒤집어서 살짝 구운 '반숙'은 over easy / 뒤집어서 바짝 구운 '완숙'은 over hard

- How would you like your eggs–**over easy** or **over hard**?
  계란은 어떻게 드릴까요? **반숙** 아니면 **완숙**?

  I'd like two eggs, **over easy.**
  전 계란 두 개 **(뒤집어서 살짝 구운) 반숙**으로 주세요.

다양한 계란 조리법

1. '에그 스크램블'은 scrambled egg
2. 뒤집지 않고 한 면만 구운 '반숙'은 sunny-side up
3. 뒤집어서 살짝 구운 '반숙'은 over easy / 뒤집어서 바짝 구운 '완숙'은 over hard

Lesson 10

음성 강의 ▶

"놀자."라고 할 땐 Let's play?

"놀자."는
영어로 뭐라고 할까?

틀린 영어	네이티브 영어
Let's play.	Let's hang out.

VS

정말 어린 아이들과 놀 때를 제외하곤 Let's play.를 절대 쓰면 안 돼요. 어른이 play라고 하면 성적인 뉘앙스가 있기 때문에 뒤에 soccer나 basketball처럼 구체적인 놀이 대상을 넣어야 오해하지 않아요. **지인과 놀자고 할 땐 Let's hang out.** 또는 요즘 젊은 층들이 선호하는 **Let's hang.**을 써야 합니다.

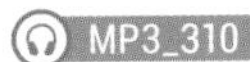

❶ 지인과 만나서 "놀자."라고 할 땐 Let's hang out. (= Let's hang.)

- **Let's hang!** 놀자!

- What did you do on Friday? 금요일에 뭐했어?
  I **hung out** with my boyfriend. 남자 친구와 **놀았어**.

> TIP '놀다'의 hang의 과거는 꼭 hung을 써야 해요. hanged를 쓰면 '목을 매달았다'라는 말이 되므로 무서워질 수 있어요.

- What are you up to? 뭐하고 있어?
  I'm **hanging out** with my friends. 친구들과 **놀고 있어**.

❷ 부담 없이 시간될 때 놀자고 할 땐 뒤에 sometime 붙이기

- Let's hang out **sometime**. **언제 시간될 때** 놀자.
  = Let's hang **sometime**.

"놀자."의 정확한 활용법

1. Let's play.는 성인들끼리 쓰기엔 오해의 소지가 있음!
2. Let's hang out(놀자). 또는 젊은 사람끼리는 Let's hang.
3. 부담 없이 시간될 때 놀자고 할 땐 뒤에 sometime 붙이기

다음 빈칸을 채우면서 Lesson 1~10에서 배운 내용을 복습해 보세요.

1 I am not __________ __________ today.
나 오늘 컨디션이 안 좋아.

2 First round is on the __________ .
첫 잔은 서비스입니다.

3 Thank you for your __________ . I mean it.
도움 주셔서 고맙습니다. 진심으로요.

4 I __________ a sandwich for you.
널 위해 샌드위치를 만들었어.

5 I __________ __________ to working with you.
함께 일하는 걸 몹시 기대하고 있어요.

6 I _____ _____ you are okay.
네가 괜찮다니 다행이야.

7 I don't want to __________ her.
그녀를 속상하게 만들고 싶지 않아.

8 Let's go to the __________ .
(일반 진료를 받기 위해) 병원에 가자.

9 I'd like two eggs, _______ _______ .
전 계란 두 개 (뒤집어서 살짝 구운) 반숙으로 주세요.

10 Let's __________ _______ sometime.
언제 시간될 때 놀자.

정답 1 feeling / well 2 house 3 help 4 made 5 look / forward 6 am / glad 7 upset 8 clinic 9 over / easy 10 hang / out

Culture Point

미국에선 무조건 더치페이인가요?

사실 미국은 더치페이가 익숙한 나라이긴 하지만, 정말 친한 친구나 동료들 사이에선 서로 번갈아가며 내기도 해요. 하지만 기본적으로는 대부분 더치페이를 하기 때문에 표현들을 익혀 두면 좋아요. '더치페이'가 콩글리시인 건 아시죠? 제대로 된 표현은 다음과 같습니다.

Let's split the bill.
나눠서 내자. / 더치페이 하자.

레스토랑에서는 굳이 더치페이 하자고 말하지 않아도 계산할 때쯤 웨이터가 와서 Together or separate?(같이 내시는 건가요 아니면 따로 내시는 건가요?)라고 물어봐요. 그때 Separate.이라고 하면 더치페이 할 수 있도록 계산서를 따로 준비해 줍니다. 당연히 Together.라고 하면 내가 내겠다는 의미겠죠.

Lesson 11

음성 강의 ▸

"나 2시에 잤어."라고 할 땐 I slept at 2?

"나 2시에 잤어."는
영어로 뭐라고 할까?

틀린 영어	네이티브 영어
I slept at 2.	I went to bed at 2.

VS

"나 2시에 잤어."를 영어로 하면 I slept at 2.라고 할 것 같지만, sleep은 실제로 잠이 든 상태에 쓰는 말이에요. **'잠자리에 들다', '자러 가다'**라고 할 때는 **go to bed**를 쓰는 게 더 자연스러워요. 우리말로 하면 sleep과 go to bed 모두 '자다'라고 해석되므로, 차이점과 활용법을 정확히 알아 두세요.

❶ sleep은 '(수면 상태) 자다'란 의미

- Did you **sleep** well? (수면 상태가 좋았는지 물어봄) 잘 **잤어**?
  I did. I **slept** like a baby. 응. 정말 푹 **잤어**.

TIP 아기처럼 쌔근쌔근 깨지 않고 푹 잤을 때 sleep like a baby라고 해요.

❷ go to bed는 '(잠들기 위해) 자러 가다'란 의미

- What time did you **go to bed**? 몇 시에 **잤어(자러 갔어)**?
  I **went to bed** at 2. 나 두 시에 **잤어(자러 갔어)**.

TIP 구체적으로 2 a.m. 또는 2 in the morning을 써서 '새벽 2시'라는 걸 언급해도 되지만, '어제 2시'에 잤다고 하면 문맥상 새벽 2시란 걸 알죠. 그런 경우 영어에서도 a.m.이나 in the morning을 생략할 때가 많아요.

- It's time to **go to bed**. 이제 **자러 갈** 시간이야.
  It's only 9 o'clock. 9시밖에 안 됐는걸요.

'자다'의 다양한 표현

1. sleep은 '(수면 상태) 자다'란 의미
2. go to bed는 '(잠들기 위해) 자러 가다'란 의미

Lesson 12

음성 강의 ▸ 

"나 강아지 좋아해."는 I like dog?

"나 강아지 좋아해."는
영어로 뭐라고 할까?

틀린 영어	네이티브 영어
I like dog.	I'm a dog person.

VS

"강아지를 좋아한다."라고 할 땐 당연히 I like dog.이라고 할 것 같지만, 이 문장은 오해의 소지가 있는 문장입니다. dog을 단수로 쓰면 동물 자체보다 고기를 좋아한다는 의미가 되기 때문에 꼭 dogs라고 복수로 써야 해요. I like dogs.도 괜찮지만, **'명사+person(~를 선호하는/좋아하는 사람)'**을 써서 I'm a dog person.이라고 하면 더 네이티브스러운 표현이 돼요.

❶ ~를 선호하는/좋아하는 사람

- I am a **cat person.** 난 **고양이를 좋아해.**
- I am a **morning person.** 난 **아침형 인간**이야.
- She is a **people person.** 그녀는 (사람들을 좋아하는) **사교적인 사람**이야.
- I am **more of a night person.** 난 **저녁형 인간에 더 가까워.**

> TIP 상대가 Are you a morning person?(아침형 인간인가요?)이라고 물어볼 때 딱 잘라 부정하는 것보다는 more of(~에 더 가까운)를 써서 I'm more of a night person.(전 저녁형 인간에 더 가까워요.)이라고 하는 게 더 부드러워요.

- I am a **beer person.** How about you? 난 **맥주 좋아해.** 넌?

  Well, I'm **more of a wine person.** 음, 난 **와인을 더 좋아해.**

'명사+person(~를 선호하는/좋아하는 사람)'의 활용법

1. 강아지를 좋아한다고 할 땐 I like dogs.라고 복수로 쓰거나 I am a dog person.이라고 해야 함
2. 어떤 것을 더 좋아한다고 할 때 more of(~에 더 가까운)를 추가

Lesson 13

음성 강의 ▶ 

‘매일’은 everyday?

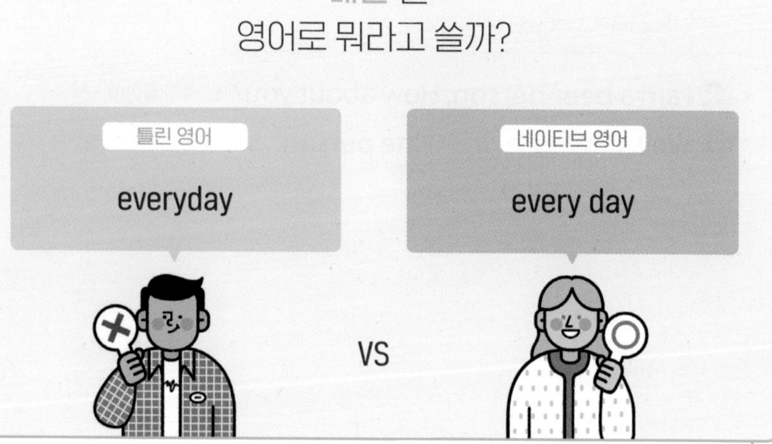

‘매일’은
영어로 뭐라고 쓸까?
틀린 영어
everyday
네이티브 영어
every day
VS

‘매일’이라고 하면 everyday가 아닌 **every day**라고 띄어쓰기를 해야 돼요. everyday는 형용사로 ‘보통의’, ‘평범한’이란 뜻이고, every day가 부사로 ‘매일’이란 의미거든요. 혹시 헷갈린다면 강조해서 **every single day(하루도 빠지지 않고 매일)**라고 써도 돼요.

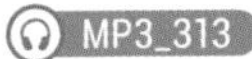

❶ every day: 매일

- I study English **every day.** 난 **매일** 영어 공부해.
- I see her **every day.** 난 그녀를 **매일** 봐.
- I work out almost **every day.** 난 거의 **매일** 운동해.

> TIP 어떤 것을 매일 한다고 하기 약간 애매할 땐 almost every day(거의 매일)를 쓰면 됩니다.

❷ every single day: 하루도 빠지지 않고 매일

- I do yoga **every single day.** 난 **하루도 빠지지 않고 매일** 요가해.
- I drink **every single day.** 난 **하루도 빠지지 않고 매일** 술 마셔.

> TIP 동사 drink는 구체적으로 뭘 마시는지를 언급하지 않는 이상 '술을 마신다'라는 의미입니다.

- I study English **every single day.** 난 **하루도 빠지지 않고 매일** 영어 공부해.
  Wow! That's impressive! 이야! 정말 대단한걸!

'매일'의 다양한 표현

1. every day: 매일
2. almost every day: 거의 매일
3. every single day: (강조) 하루도 빠지지 않고 매일

Lesson 14

음성 강의 ▶ 

"예약했어요."는 I reserved?

"예약했어요."는
영어로 뭐라고 할까?

틀린 영어	네이티브 영어
I reserved.	I made a reservation.

VS

'예약하다' 표현으로는 **reserve**와 **make a reservation**이 있어요. reserve는 'I reserve+예약 대상'처럼 뒤에 반드시 예약 대상이 나와야 해요. 단순히 **"전 예약했어요."**라고 하려면 **뒤에 구체적인 대상이 필요 없는 make a reservation**을 써서 I made a reservation.이라고 합니다.

❶ reserve+예약 대상: ~을 예약하다

- I **reserved** a table. 저 테이블을 **예약했어요**.
- We need to **reserve** the conference room. 우리 회의실을 **예약해야** 해.
  I **reserved** it already. 제가 이미 **예약했어요**.

❷ make a reservation: 예약하다

- Did you **make a reservation**? **예약하셨나요**?
  Yes, I **made a reservation** earlier. 네, 아까 **예약했어요**.
- I **made a reservation** yesterday. 어제 **예약했어요**.
- I forgot to **make a reservation**. **예약해야** 한다는 걸 잊어버렸어요.

'예약하다'의 다양한 표현

1. reserve+예약 대상: ~을 예약하다
2. make a reservation: 예약하다

Lesson 15

음성 강의 ▶ 

"다시 봐서 반가워."는 Good to meet you again?

구면일 때 "다시 봐서 반가워."는
영어로 뭐라고 할까?

틀린 영어

Good to meet you again.

VS

네이티브 영어

Good to see you again.

meet은 주로 초면일 때 쓰고, **이미 아는 사이일 땐 see**를 써요. 그러므로 Good to meet you.(만나서 반가워요.) 뒤엔 again이 올 수 없어요. 처음 만난 사이니까요. **Good to see you.(다시 봐서 반가워.) 뒤엔 again을 쓸 수 있는데**, 이 문장에선 see 자체가 다시 만났다는 걸 내포하고 있어서 **again을 생략해도** 됩니다.

MP3_315

❶ 처음 만난 사이일 땐 meet

• (It's) good to **meet** you. (초면) **만나서** 반가워요.
= (It's) nice to **meet** you.

> TIP 여기서 It's는 주로 생략되어 쓰입니다.

• It's **good to** finally **meet you** in person. 드디어 직접 **뵙게 되니 반갑습니다.**

> TIP in person은 '직접'이란 의미로, 이메일이나 전화로 소통을 하다가 직접 만날 때 자주 쓰는 표현입니다. 같은 의미로 face to face도 자주 쓰입니다.
> e.g. It's good to finally meet you face to face. (초면) 드디어 직접 뵙게 되니 반갑습니다.

❷ 이미 아는 사이일 땐 see

• (It's) good to **see** you (again). (구면) 다시 만나서 반가워요.
= (It's) nice to **see** you (again).

• **Nice to see** you both. 둘 다 **다시 보니 반가운걸.**
Same here. We missed you. 우리도. 네가 보고 싶었거든.

"만나서 반가워요."의 다양한 표현

1. 초면일 땐 (It's) good to meet you.
2. 구면일 땐 (It's) good to see you (again).

Lesson 16

음성 강의 ▶ 

"취업 준비생입니다."는 I'm a job seeker?

"전 구직 중입니다."는
영어로 뭐라고 할까?

틀린 영어

I'm a job seeker.

VS

네이티브 영어

I'm looking for a job.

'취업 준비생'이나 **'구직자'**란 표현으로 **job seeker**가 떠오르죠. 하지만 네이티브들은 일상 회화에서 job seeker를 거의 쓰지 않습니다. '찾다'라는 뜻의 look for을 써서 **I'm looking for a job.(일자리를 구하고 있어요.)**이라고 해요. 일을 하다가 잠시 쉬면서 새로운 일자리를 찾을 때는 **I'm in between jobs.**라고도 해요.

MP3_316

❶ 구직 중이거나 이직 중일 때 be looking for a job

- **I'm looking for a job.** 전 구직 중입니다.

> TIP 취업 준비를 하고 있는 수강생분들이 종종 제게 I have no job.이나 I'm unemployed.라고 하시는데요. "전 무직입니다."란 강한 느낌의 표현들보다는 I'm looking for a job.으로 좀 더 부드럽게 표현해 보세요.

- Are you still **looking for a job?** 너 아직도 **구직 중이야?**
- **I'm looking for a job** in Atlanta. 난 애틀랜타에서 **일자리를 찾고 있어.**

❷ 일을 쉬면서 새로운 일자리를 찾을 때 be in between jobs

- **I'm in between jobs.** 전 구직 중입니다.

> TIP in between jobs를 직역하면 '일과 일 사이'란 뜻으로, 잠시 일을 쉬고 있는 경력직일 때 쓰는 표현입니다.

- What do you do for a living? 하시는 일이 어떻게 되세요?
  Actually, **I'm in between jobs** at the moment.
  실은 지금 **잠시 쉬면서 새로운 일자리를 찾고 있어요.**

> TIP at the moment(지금 이 순간)가 들어가면 긴 구직 기간이 필요 없이 지금만 잠시 쉬며 새로운 일자리를 알아본다는 뉘앙스가 됩니다.

"전 구직 중입니다."의 다양한 표현

1. 가장 많이 쓰는 표현은 I'm looking for a job.
2. 일을 쉬면서 새로운 일자리를 찾을 땐 I'm in between jobs.

Lesson 17

"등산하러 가자."는 Let's climb a mountain?

"등산하러 가자."는
영어로 뭐라고 할까?

틀린 영어	네이티브 영어
Let's climb a mountain.	Let's go hiking.

VS

저희 아버지는 거의 주말마다 집 근처에 등산하러 가시는데요. 가볍게 동네에 있는 산에 가면서 climb a mountain을 쓰면 **왠지 험한 산을 오르는 느낌**이 나서 어색해요. 그러니 **운동 삼아 가볍게 등산하러 갈 때는** go hiking을 쓰세요.

'등산하다' 뜯어보기

MP3_317

❶ 험한 산이나 암벽을 오를 땐 climb

- I want to **climb** Mt. Everest. 난 에베레스트 산을 **오르고** 싶어.

- What's your New Year's resolution? 네 새해 다짐은 뭐야?
  I want to **climb** Mt. Kilimanjaro. 킬리만자로 산을 **오르고** 싶어.

> TIP '새해 다짐', '새해 목표'라는 표현은 New Year's resolution이라고 해요. 직역하면 '새해의 결단'이라는 의미죠.

❷ 운동 삼아 가볍게 하는 등산엔 go hiking

- I want to **go hiking.** 난 **(가볍게) 등산 가고** 싶어.

- Let's **go hiking** tomorrow! 내일 **(가볍게) 등산하러** 가자!
  Sounds like a plan! 좋은 생각이야!

- What did you do yesterday? 어제 뭐했어?
  I went hiking with my husband. 남편하고 **(가볍게) 등산 다녀왔어.**

확실히 정리하기

'등산하다'의 다양한 표현

1. 험한 산이나 암벽을 오를 땐 climb
2. 운동 삼아 가볍게 하는 등산엔 go hiking

Lesson 18

음성 강의 ▶ 

"취미가 뭐야?"는 What's your hobby?

"취미가 뭐야?"는
영어로 뭐라고 할까?

애매한 영어

What's your hobby?

VS

네이티브 영어

What do you do in your free time?

친해지기 시작할 때 취미가 뭔지 많이 물어보죠. 그때 What's your hobby?라고 하면 틀린 건 아니지만 마치 인터뷰를 하듯이 딱딱하게 들릴 수 있어요. 그러니 일상 회화에서는 **What do you do in your free time?(여가 시간에 뭐해?)**이나 **What do you like to do?(뭐 하는 거 좋아해?)**를 쓰세요.

❶ What do you do in your free time?: 여가 시간에 뭐해?

- What do you do in your free time? 여가 시간에 뭐해?
  I usually go bowling. 주로 볼링 치러 가.

TIP free time 대신 spare time을 써도 돼요.

- What do you do in your free time? 여가 시간에 뭐해?
  I usually read comic books. 난 주로 만화책 읽어.

❷ What do you like to do?: 뭐하는 거 좋아해?

- What do you like to do for fun? 뭐하면서 노는 거 좋아해?

TIP 구체적으로 뭘 하면서 노는 걸 좋아하냐고 물어보고 싶을 땐 뒤에 for fun을 붙이면 됩니다.

- What do you like to do? 뭐하는 거 좋아해?
  I enjoy playing the piano. 난 피아노 치는 거 좋아해.

TIP 뭔가를 하는 걸 좋아한다고 할 때 I like ~도 괜찮지만 I enjoy ~를 쓰면 좋아하는 것 이상으로 즐기는 느낌이 나요.

'취미 생활 질문' 다양하게 하기

1. What do you do in your free time?: 여가 시간에 뭐해?
2. What do you like to do?: 뭐하는 거 좋아해?

Lesson 19

음성 강의 ▶ 

'네가 취업하면'은 If you get a job?

'네가 취업하면'은
영어로 뭐라고 할까?

틀린 영어	네이티브 영어
if you get a job	when you get a job

VS

when과 if를 잘못 써서 말다툼하는 경우가 종종 있는데요. 일단 **when은 언젠가 반드시 일어날 일을 의미**하고 **if는 꼭 일어난다는 보장은 없는 일을 의미**합니다. 취업 준비생에게 반드시 언젠가는 취업을 할 거라는 when you get a job이라고 해야지, 네가 취업할지 확신이 안 선다는 if you get a job을 쓰면 안 되겠죠.

❶ 언젠가 반드시 일어날 일은 when

- Let's go on vacation **when** you get a raise. 월급이 **오르면** 휴가 가자.
- Call me **when** you get home. 집에 도착**하면** 전화해.

- I'll call you **when** I'm done. 다 끝**나면** 전화할게.
  Okay. 그래.

❷ 꼭 일어난다는 보장은 없는 일은 if

- I'll buy you a drink **if** I get promoted. 내가 승진하게 **되면** 술 한잔 살게.
- I'll buy you a drink **if** I get the job. 그 일자리를 따**내면** 내가 술 한잔 살게.

- Call me **if** you have any questions. 질문 있**으면** 내게 전화해.
  I will. Thank you. 그럴게. 고마워.

'~하면'의 다양한 표현

1. 언젠가 반드시 일어날 일은 when
2. 꼭 일어난다는 보장은 없는 일은 if

Lesson 20

음성 강의 ▶

'한 학기 휴학하다'는 take a leave of absence?

'한 학기 휴학하다'는
영어로 뭐라고 할까?

애매한 영어	네이티브 영어
take a leave of absence	take a semester off

VS

대학생들이 취업 준비, 어학연수 등 여러 이유로 휴학을 많이 하죠. 많은 분들이 **'휴학한다'**고 할 때 take a leave of absence를 먼저 떠올리시더라고요. 이 표현은 일상 회화에서 쓰기엔 너무 딱딱한 표현입니다. 네이티브들은 특정 기간 동안 전원을 끈 채로 푹 쉰다는 뉘앙스인 **'take+기간+off'**를 사용해 **take a semester off**를 주로 써요.

❶ 학교에서 쓰면 휴학하다

- I **took** a year **off.** 나 일 년 **휴학했어**.

- Are you graduating this year? 너 올해 졸업해?
  No, I **took** a semester **off.** 아니, 나 한 학기 **휴학했어**.

- How have you been? 그동안 잘 지냈어?
  I've been busy. I **took** a year **off** and studied abroad.
  바쁘게 지냈어. 일 년 **휴학하고** 어학연수 갔다 왔거든.

❷ 회사에서 쓰면 월차, 연차, 휴가를 내다

- I'd like to **take** a day **off.** 저 하루 **쉬고** 싶어요.
- I'd like to **take** next Friday **off.** 저 다음 주 금요일에 **휴가 내고** 싶어요.

- I'm not feeling well. 저 컨디션이 안 좋아요.
  Well, you should **take** the rest of the day **off.**
  음, 그럼 남은 하루는 **쉬도록** 해(=조퇴를 해).

'take+기간+off'의 다양한 의미

1. 학교에서 쓰면 '휴학하다'
2. 회사에서 쓰면 '월차, 연차, 휴가를 내다'

다음 빈칸을 채우면서 Lesson 11~20에서 배운 내용을 복습해 보세요.

1 What time did you ______ ______ ________?
몇 시에 잤는데(자러 갔는데)?

2 She is a people ________.
그녀는 사교적인 사람이야.

3 I work out almost ________ ______.
난 거의 매일 운동해.

4 I made a __________ yesterday.
어제 예약했어요.

5 Nice to ______ you both.
둘 다 다시 보니 반가운걸.

6 I'm ________ ______ a job in Atlanta.
난 애틀랜타에서 일자리를 찾고 있어.

7 Let's go ________ tomorrow!
내일 (가볍게) 등산하러 가자!

8 What do you like to ___?
뭐하는 거 좋아해?

9 I'll call you _______ I'm done.
(반드시 언젠가는 끝남) 다 끝나면 전화할게.

10 I'd like to _______ a day _____.
저 하루 쉬고 싶어요.

정답 1 go / to / bed 2 person 3 every / day 4 reservation 5 see 6 looking / for 7 hiking 8 do 9 when 10 take / off

Culture Point

선후배가 없는 미국 학교

우리나라 식으로 선배를 senior라고 생각하시는 분들이 많은데요. 사실 미국엔 선후배 제도가 없어요. 나이와 상관없이 친하면 다 친구(friends)이기 때문이죠. 그럼 일상 회화에서 senior를 어떻게 쓸 수 있을까요?

1. 고등학교 3학년 또는 대학교 4학년

e.g. She is a senior in college.

그녀는 대학교 4학년이야.

2. 경력직이거나 고급 실력자일 때

e.g. They are hiring senior engineers.

그들은 경력직 엔지니어들을 고용하고 있어.

3. 고령자, 노인

e.g. We offer a senior discount.

저희는 경로 할인을 제공합니다.

Chapter 4

진짜 네이티브만 쓸 수 있는 영어 표현

Lesson 1 '인생 영화'는 all-time favorite movie

Lesson 2 '끝내다'는 call it a day/night

Lesson 3 '처음부터 직접 손수 만든' 음식은 made from scratch

Lesson 4 초대나 제안을 '거절할 땐' take a rain check

Lesson 5 기겁할 정도로 깜짝 놀랐을 땐 freak out

Lesson 6 신세 진 후 '다음에 술 한잔 산다'고 할 땐 I owe you a drink.

Lesson 7 '피자집'은 pizza place

Lesson 8 '상황을 봐서 결정'할 땐 play it by ear

Lesson 9 가격이 '대략' 얼마인지 말할 땐 ballpark figure

Lesson 10 늦지 말고 '딱 맞춰' 오라고 할 땐 sharp

Lesson 11 '불그스레한'은 reddish

Lesson 12 열심히 일한 동료가 승진했을 땐 You deserve it!

Lesson 13 상대가 나를 정말 기분 좋게 만들 땐 You made my day.

Lesson 14 쓴 돈이 하나도 아깝지 않을 땐 It was worth every penny.

Lesson 15 온몸이 녹아버릴 듯 '정말 더울 땐' It's melting.

Lesson 16 You're the best.를 보면 떠오르는 의미는?

Lesson 17 "진심이야."는 I mean it.

Lesson 18 뭔가를 미치도록 좋아할 땐 I'm nuts about ~

Lesson 19 "어떻게 진행되는지 말해줘."는 Keep me posted.

Lesson 20 맛있는 음식이 당길 땐 I'm craving ~

Lesson 1

'인생 영화'는 all-time favorite movie

'인생 영화'일 정도로
정말 좋아한다는 걸 강조할 땐?

틀린 영어	네이티브 영어
very very favorite movie	all-time favorite movie

VS

최근 우리나라에서 유행하는 말 중에 **'인생 ㅇㅇ'**라는 표현이 있죠? 그냥 좋아하는 걸 넘어서 인생 최고의 것으로 꼽을 만하다는 의미예요. 영어에서도 단순히 favorite(가장 좋아하는)만으로는 부족할 만큼 **정말 좋아한다는 걸 강조할 때 all-time favorite**이라는 표현을 써요. 직역하면 **'역대 최고로 좋아하는'**이라는 말이죠.

❶ (역대) 가장 좋아하는 건 all-time favorite

- It's my **all-time favorite** book. 그건 내 **인생** 책이야.
- You're my **all-time favorite** (person). 난 네가 **제일 좋아**.
  Aw, you're so sweet. 정말 다정한걸.

> TIP all-time favorite 뒤에 명사를 붙여 구체적으로 좋아하는 대상을 언급해도 되지만 문맥상 뭘 좋아하는지 이해가 될 땐 대상을 생략해도 됩니다.

❷ 유행을 타지 않을 정도로 훌륭할 땐 classic

- It's a Korean **classic**. 그건 **국민 음식/음료/영화**야.

> TIP all-time favorite은 개인의 취향이 반영되었다면, classic은 마치 클래식 음악처럼 누가 봐도 인정할 만큼 훌륭해서 유행을 타지 않을 때 자주 써요.

- This is a **British classic**. 이건 **영국 국민 음식/음료/영화**야.
- *Forrest Gump* is my **all-time favorite** movie.
  <포레스트 검프>는 내 **인생** 영화야.
  Yeah, it's a **classic**. 맞아, **유행을 타지 않는** 명화지.

정말 좋아한다는 걸 강조해서 말할 때

1. all-time favorite: (역대) 가장 좋아하는
2. classic: (훌륭해서) 유행을 타지 않는

Lesson 2

음성 강의 ▶

'끝내다'는 call it a day/night

오늘은 여기까지 하고
집에 가자고 할 땐?

틀린 영어

end this and go home

네이티브 영어

call it a day/night

VS

미국인들은 학교나 회사에서 **'이쯤 마무리하고 집에 가자'**고 할 때 **call it a day**를 자주 쓰는데요. '이 정도면 충분히 꽉 찬 하루를 보냈으니, 이쯤에서 하루가 완성되었다고 치자'라는 의미입니다. **낮에는 call it a day, 밤에는 call it a night**을 써서 회식이나 야근을 끝마치자고 할 때도 쓸 수 있어요.

'이쯤에서 끝마치다' 뜯어보기

MP3_402

❶ 낮에는 call it a day

- We should **call it a day.** (조언) **오늘은 여기까지 하는** 게 좋겠어.
- Nice job, everyone. Let's **call it a day.** 모두 잘했어. **오늘은 여기까지** 하자.
- I'm getting tired. Let's **call it a day.** 점점 피곤해지니 **오늘은 여기까지** 하자.

❷ 밤에는 call it a night

- Let's **call it a night.** (회식이나 야근 등) **오늘 밤은 여기까지** 하자.
- It's getting late. We should **call it a night.**
  밤이 깊어 간다. **오늘은 여기까지 하는** 게 좋겠어.

> TIP It's getting late.은 직역하면 '점점 시간이 늦어 가.'고, 의역하면 '밤이 깊어 가네.'란 의미입니다. 늦었으니 집에 가자는 걸 부드럽게 암시하는 표현이죠.

- We should **call it a night** and pick this up tomorrow.
  우리 **오늘 밤은 여기까지 하고** 내일 이어서 계속 하는 게 좋겠어.

'이쯤에서 끝마치다'라고 할 땐

1. 낮에는 call it a day
2. 밤에는 call it a night
3. 늦었으니 집에 가자는 걸 부드럽게 암시할 땐 It's getting late.

Lesson 3

음성 강의 ▸ 

'처음부터 직접 손수 만든' 음식은 made from scratch

'처음부터 직접 손수 만든' 음식은
영어로 뭐라고 할까?

애매한 영어

homemade

네이티브 영어

made from scratch

VS

미국에 있는 카페나 레스토랑에 가면 made from scratch란 표현을 종종 볼 수 있는데요. **from scratch는 맨 밑바닥, 즉 '완전 처음부터'** 란 의미예요. 베이킹 믹스를 사와서 집에서 물만 넣고 만들 때도 쓸 수 있는 homemade와 달리, 나만의 레시피로 **처음부터 모든 걸 다 만들었다는 걸 강조할 때 made from scratch**를 씁니다.

MP3_403

❶ 처음부터 직접 다 만들 때

- I made it **from scratch.** 그거 내가 **처음부터** 직접 만들었어.
- I made these cookies **from scratch.**
  (나만의 레시피로) **처음부터** 직접 만든 쿠키야.
- This is for you. I made it **from scratch.**
  (선물을 주며) 널 위해 준비했어. 내가 **처음부터** 직접 만든 거야.

TIP 상대에게 선물을 줄 때 Here.(여기./옜다.) 하며 주는 것보다 This is for you.(이거 널 위해 준비했어.) 또는 I got something for you.(너 주려고 뭐 좀 가져왔어.)를 쓰는 게 더 부드러워요.

- I made this soup **from scratch.** 내가 **처음부터** 직접 만든 스프야.
  Wow, it's really good! 이야, 정말 맛있는걸!

❷ 처음부터 다시 시작할 때

- Let's start **from scratch.** **처음부터** 다시 시작하자.
- We don't have time to start **from scratch.**
  처음부터 다시 시작할 시간은 없어.

from scratch의 활용법

1. make from scratch: (요리, 물건 등을) 처음부터 직접 만들다
2. start from scratch: 처음부터 다시 시작하다

Lesson 4

음성 강의 ▸ 

초대나 제안을 '거절할 때' take a rain check

다음을 기약하며
초대나 제의를 거절할 때?

틀린 영어

Do it later?

VS

네이티브 영어

Can I take a rain check?

rain check은 야구장에서 유래된 표현이에요. 비가 와서 경기가 취소되었을 때 나중에 사용 가능한 티켓인 rain check을 주었는데, 여기서 유래되어 **'다음을 기약하며 초대나 제안를 부드럽게 거절할 때'** 쓰는 표현이 됐어요. 원래는 **take a rain check**이 정확한 표현이지만, 일상 회화에선 **rain check**만 써도 **'다음을 기약해도 될까요?'**라는 의미가 돼요.

❶ 다음을 기약하며 초대나 제안을 부드럽게 거절하는 표현

- Can I **take a rain check?** 다음을 기약해도 될까?
- Can I **take a rain check** on dinner? I'm swamped.
  저녁 식사는 **다음으로 미뤄도** 될까? 나 너무 바빠서.

> TIP swamp는 늪이란 의미인데요. 일의 늪에 빠져 '눈코 뜰 새 없이 바쁠 때' swamped를 씁니다.

- I'm so tired. I'll **take a rain check** on dinner.
  정말 피곤하네. 저녁은 **다음 번에 먹을게.**

❷ 일상 회화에서는 줄여서 rain check?만 써도 됨

- Do you want to join me for lunch? 나랑 같이 점심 먹을래?
  Rain check? I already have plans.
  다음을 기약해도 될까? 이미 약속이 있어서 말야.
- Do you want to hang out after work? 퇴근하고 놀래?
  Rain check? I have to work late tonight.
  다음으로 미뤄도 될까? 오늘 밤 야근을 해야 해서.

take a rain check의 활용법

1. 다음을 기약하며 초대나 제안을 부드럽게 거절하는 표현
2. 일상 회화에선 줄여서 Rain check?만 써도 됨

Lesson 5

음성 강의 ▸ 

기겁할 정도로 깜짝 놀랐을 땐 freak out

기겁할 정도로 깜짝 놀랐을 때
쓰는 단어는?

틀린 영어	네이티브 영어
surprise	freak out

VS

surprise는 서프라이즈 파티처럼 기분 좋은 놀라움에선 쓸 수 있지만, 안 좋은 쪽으로 놀랄 때 쓰기엔 애매한 단어예요. 네이티브들은 **너무 깜짝 놀라 어쩔 줄 모를 땐 freak out**을 씁니다. 명사 freak은 '괴짜'란 의미인데요. 마치 괴짜가 나온(out) 것처럼 놀랐다는 걸 강조해서 말할 때 자주 쓰여요.

❶ 뜻밖의 놀라운 일이나 소식이 있을 땐 surprise

- I'm **surprised** by the result. 그 결과에 **놀랐어**.
- **Surprise**! Happy birthday! **놀랐지**! 생일 축하해!

❷ 기겁하듯 놀라거나 (당황해서) 어쩔 줄 모를 땐 freak out

- I'm sorry that I **freaked out.** **깜짝 놀라서** 미안해.
- I think I lost my wallet. I'm **freaking out.**
  지갑을 잃어버린 것 같아. **(당황해서) 어떻게 해야 할지 모르겠어.**
  Don't **freak out.** **당황하지** 마.
- What are you **freaking out** about? 뭐 때문에 **그렇게 어쩔 줄 몰라하는** 거야?
  I failed the test. 시험에서 떨어졌어.

'놀라다'의 다양한 표현

1. 뜻밖의 일로 깜짝 놀라게 할 땐 surprise
2. 기겁하듯 놀라거나 (당황해서) 어쩔 줄 모를 땐 freak out

Lesson 6

음성 강의 ▶

신세 진 후 '다음에 술 한잔 산다'고 할 땐 I owe you a drink.

신세 진 후
'다음에 술 한잔 산다'고 할 땐?

틀린 영어	네이티브 영어
I'll buy you a drink.	I owe you a drink.

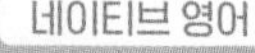

VS

상대에게 신세 진 후 나중에 밥이나 술 한잔 사겠다는 말을 자주 하죠. 도움 준 상대에게 밥이나 술을 빚졌다는 의미로 owe를 쓸 수 있는데요. **I owe you(네게 빚졌어) 뒤에 점심 식사든 술이든 대상만 넣어주면** 돼요. 도움 준 상대에게 '다음에 술 한잔 산다'고 말할 땐 I owe you a drink.라고 하는 거죠.

MP3_406

❶ 도움을 받은 후 그 대가를 빚지다, 신세 지다

- **I owe you** lunch. 내가 다음에 점심 살게.
- Thank you. **I owe you** a drink. 고마워. 내가 다음에 술 한잔 살게.
- **You owe me** a drink. 네가 다음에 나한테 술 한잔 사.

> TIP You owe me a drink.라고 하면 "네가 나에게 술 한잔을 빚졌다."라는 뉘앙스로, 상대에게 도움을 준 후 농담으로 "다음에 술 한잔 사."라고 하는 거예요. 이런 문장은 장난치듯 써야지 정색하고 쓰면 안 돼요.

❷ 특히 남의 은혜를 입었기 때문에 ~해야 한다고 생각한다

- **I owe you** an apology. (사과를 빚졌다는 뉘앙스) 네게 사과를 해야 할 것 같아.
  It's okay. Don't worry about it. 괜찮아. 신경 쓰지 마.
- **I owe you** an explanation. (주로 해명을 해야 할 때) 네게 설명을 해야 할 것 같아.
  OK. Go on. 그래. 계속 말해봐.

'I owe you+명사'의 정확한 활용법

1. I owe you+음식/음료: 내가 다음에 ~살게
2. I owe you+사과/설명: 네게 ~를 해야 할 것 같아

Lesson 7

'피자집'은 pizza place

'피자집'은
영어로 뭐라고 할까?

애매한 영어	네이티브 영어
pizza restaurant	pizza place

VS

우리가 '피자 음식점'을 '피자집'이라고 하는 것처럼, 영어도 똑같아요. '음식점'을 restaurant이라고도 하지만, **'특정 목적을 위한 장소'**라는 의미의 **place**도 자주 씁니다. 예를 들어, **'피자집'**은 피자를 먹기 위한 장소인 **pizza place**, **'한식집'**은 한국 음식을 먹기 위한 장소인 **Korean place**라는 식으로 말하는 거죠.

❶ 특정 목적을 위한 장소, 곳

- I know this great **Korean place.** 내가 정말 맛있는 **한식집**을 알아.
- That's a great **meeting place.** **거기서 만나면** 좋겠다.(거기가 좋은 **만남의 장소**야.)

> TIP meeting place는 '만남이나 회의(meeting)를 위한 장소'란 의미입니다.

- This is my favorite **pizza place.** 여기가 내가 가장 좋아하는 **피자집**이야.
  Yeah, you come here a lot. 그래, 너 여기 자주 오잖아.

❷ 집

- Let's go to your **place.** 너희 **집**에 가자.

> TIP house는 '독채로 된 집'을 의미합니다. '아파트나 다세대 주택 같은 집'은 place 또는 apartment를 써야 해요.

- Your **place** or mine? (갈 곳을 정할 때) 너희 **집**? 아니면 우리 집?
  Let's go to my **place.** 우리 **집**으로 가자.

place의 다양한 의미

1. (특정 목적을 위한) 장소, 곳
2. 집

Lesson 8

음성 강의 ▸ 

'상황을 봐서 결정'할 땐 play it by ear

계획을 세우지 않고 '상황을 봐서 결정'할 땐
영어로 뭐라고 할까?

틀린 영어

surprise decision

네이티브 영어

play it by ear

VS

절대 음감을 가진 사람들은 악보도 없이 귀로만 듣고도 바로 똑같이 연주하죠? 여기서 유래되어 계획을 세우지 않고 **'상황을 봐서 즉흥적으로 결정을 내리는 것'**을 **play it by ear**라고 합니다. 직역하면 '귀로만 듣고 연주한다'라는 의미로, 정확한 뜻을 모르면 유추하기 어려운 표현이니 확실히 외워 두세요.

MP3_408

❶ 사전 계획을 세우기보다 상황을 봐서 결정하다

- Let's **play it by ear.** 그때 **상황 봐서 결정**하자.
- You should **play it by ear.** (조언) **상황을 봐서 결정**해.

- Why don't we **play it by ear?** (제안) **상황을 보고 결정**하는 게 어때?
  OK. Sounds good. 그래. 좋아.

- Are we still meeting tomorrow? 우리 내일 만나는 거 맞지?
  Well, I might have to work late, so let's **play it by ear.**
  음, 야근해야 할지도 몰라서 **상황 보고 결정**하자.

TIP 지인과의 약속을 확인할 때 '여전히 만나기로 한 게 맞냐'는 의미로 Are we still meeting ~?을 자주 써요.

❷ 사전 계획을 세우기보다 상황을 봐서 처리하다, 처신하다

- Why don't we **play it by ear?** (제안) **상황을 보고 처리**하는 게 어떨까요?
- I'll **play it by ear.** **상황을 봐서 처신**하겠습니다.
- We'll **play it by ear.** **상황을 봐서 처리**하겠습니다.

play it by ear의 다양한 의미

1. (사전 계획을 세우기보다) 상황을 봐서 결정하다
2. (사전 계획을 세우기보다) 상황을 봐서 처리하다, 처신하다

Lesson 9

음성 강의 ▶ 

가격이 '대략' 얼마인지 말할 땐 ballpark figure

가격이 '대략' 얼마인지
말해달라고 할 땐?

틀린 영어

How much is it about ~?

네이티브 영어

Give me
a ballpark figure.

VS

저는 이 표현을 미국에서 회사 다닐 때 상사나 고객에게 정말 자주 들어봤어요. ballpark(공이 있는 공원, 즉 야구장)에 관중이 몇 명 정도 왔는지 figure(숫자)을 대략 어림잡아 짐작했다는 데에서 유래되었다고 해요. **ballpark figure는 '금액, 비율 등의 수치를 대략 짐작할 때'** 자주 써요. 특히 견적을 요청했을 때 쓰는 표현으로 유용합니다.

MP3_409

❶ 특히 돈, 시간, 비율 등을 대략 어림잡은 숫자, 수치

- This is just a **ballpark figure.** 이건 그냥 **대략 어림잡은 수치**입니다.
- Give me a **ballpark figure.** **대략 얼마인지 어림잡아** 말해줘.

> TIP ballpark figure의 유사 표현으로 rough estimate(어림셈)도 자주 쓰여요.
>
> e.g. Give me a ballpark figure. = Give me a rough estimate.
> 대략 얼마인지 어림잡아 말해줘.

- Can you give me a quote, **ballpark?** **대략 얼마인지** 견적 좀 주실 수 있나요?

> TIP quote은 동사로 '인용하다'라는 의미도 있지만 명사로 '견적'이란 의미도 있습니다.

- How long would it take, **ballpark?**
  대략 어림잡아 시간이 어느 정도 걸릴까요?

  It would take about an hour. 대략 한 시간 정도 걸릴 거예요.

> TIP ballpark figure을 줄여서 ballpark라고도 자주 써요.

특히 돈, 시간, 비율 등을 '대략 어림잡은 숫자, 수치'

1. ballpark figure
2. 줄여서 ballpark

Lesson 10

음성 강의 ▶ 

늦지 말고 '딱 맞춰' 오라고 할 땐 sharp

늦지 말고
'6시 반에 딱 맞춰' 오라고 할 땐?

틀린 영어	네이티브 영어
6:30 o'clock	6:30 sharp

VS

일분 일초도 늦지 말고 시간을 딱 맞춰서 오라고 할 때 네이티브들은 **'시간+sharp'**를 자주 써요. sharp의 '날카로운'이란 의미의 연장선으로, **칼같이 시간을 딱 맞춰서 오라는 뉘앙스**입니다. 중요한 회의나 약속이 있을 때 쓰면 듣는 상대로 하여금 정말 시간을 꼭 지켜야겠다는 경각심을 준답니다.

❶ 시간을 칼같이 맞춰, 시간을 딱 맞춰서

- The bus leaves at **7 p.m. sharp.** 버스는 **오후 7시 정각에** 출발합니다.
- The meeting starts at **2:30 sharp.** 회의는 **2시 반에 딱 맞춰** 시작합니다.

> TIP 우리에게 익숙한 o'clock은 분 단위가 아닌 시각에만 쓸 수 있어요.
> e.g. I got here at 7 o'clock. 난 여기에 7시 정각에 도착했어.

- I'll be there at **5:30 sharp.** 응, 거기 **5시 30분에 딱 맞춰** 도착할 거야.

> TIP "내일 7시에 만나자!"라고 하면 그게 오전 7시인지 오후 7시인지 상황에 따라 추측이 가능하죠. 영어에서도 오해의 소지가 있을 때를 제외하고 일상 회화에서는 대부분 오전, 오후를 생략합니다.

- We're leaving at **7 p.m. sharp.** 우리 **오후 7시에 딱 맞춰** 출발할 거야.
- See you at **10 a.m. sharp.** **오전 10시에 딱 맞춰** 보자.
  OK. See you then. 응. 그때 보자.

'시간을 딱 맞춰서'의 다양한 표현

1. '시간+sharp'는 '시간을 칼같이 맞춰'
2. o'clock(정각에)은 분 단위가 아닌 시각에만 쓸 수 있음

다음 빈칸을 채우면서 Lesson 1~10에서 배운 내용을 복습해 보세요.

1 It's my ______________ favorite book.
그건 내 인생 책이야.

2 Let's ______ it a day.
오늘은 여기까지 하자.

3 I made these cookies _______ ____________ .
(나만의 레시피로) 처음부터 직접 만든 쿠키야.

4 Can I take a ________ _________ ?
다음을 기약해도 될까?

5 I think I lost my wallet. I'm ___________ out.
지갑을 잃어버린 것 같아. (당황해서) 어떻게 해야 할지 모르겠어.

6 I owe you _________ .
내가 다음에 점심 살게.

7 I know this great Korean ________ .
내가 정말 맛있는 한식집을 알아.

8 Let's _______ it by _____ .
그때 상황 봐서 결정하자.

9 This is just a _____________ figure.
이건 그냥 대략 어림잡은 수치입니다.

10 The bus leaves at 7 p.m. _________ .
버스는 오후 7시 정각에 출발합니다.

정답 1 all-time 2 call 3 from / scratch 4 rain / check 5 freaking 6 lunch 7 place 8 play / ear 9 ballpark 10 sharp

Culture Point

미국은 정말 병원비가 비싼가요?

네, 정말 비싸요. 심지어 보험이 되더라도 우리나라보다 훨씬 더 비싸요. 그래서인지 정말 심각하게 아프지 않는 이상 대부분 약국에서 over the counter medicine(처방전 없이 살 수 있는 약)을 구매해 복용해요.

혹시 병원에 가게 되어 보험이 되는지 물어볼 땐 Is this covered by my insurance?(이거 보험 처리가 되나요?)라고 하면 됩니다. 미국에서 병원 갈 일이 있을 때 알고 있으면 유용한 필수 표현이죠.

아무튼 미국은 병원비가 정말 비싸기 때문에 아프지 않도록 특히 더 신경 써야 해요. 병원에 갈 때마다 의료보험 체계가 잘 되어있는 우리나라가 그립더라고요.

Lesson 11

음성 강의 ▶ 

'불그스레한'은 reddish

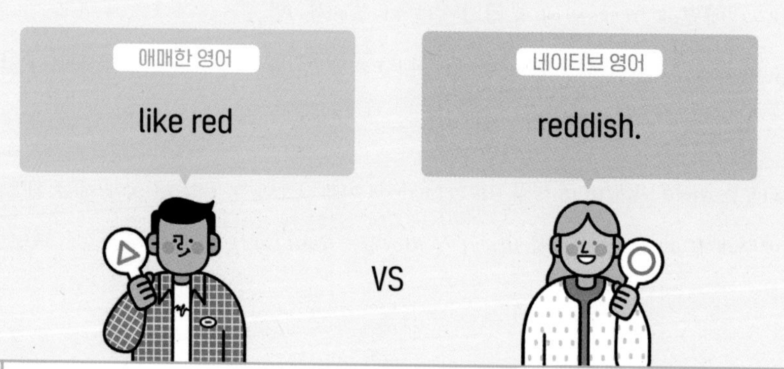

'불그스레한'은
영어로 뭐라고 할까?
애매한 영어
like red
네이티브 영어
reddish.
VS

유행에 따라 세련되게 옷을 입을 때 '스타일리쉬(stylish)'하다고 하죠? 이처럼 **'~의 성질을 가진', '거의', '~ 같은'**을 표현할 때 **'접미사 -ish'**를 써요. '접미사 -ish'의 활용법은 정말 무한대예요. 아이 같을 땐 childish, 불그스레한 건 reddish 등 다양한 상황에서 쓰이거든요. 처음 접미사 -ish와 친해지긴 위해선 시간이나 나이 같은 숫자 뒤에 쓰면 금방 익숙해질 수 있어요.

❶ 시간 또는 나이가 거의 ~인

- It's **7ish.** 거의 7시쯤 됐어.
- She is **30ish.** 그녀는 거의 서른 살쯤 됐어.

- Do you know how old she is? 넌 그녀가 몇 살인지 알아?
  Yeah, she is **40ish.** 응, 그녀는 거의 마흔 살쯤 됐어.

❷ ~의 성질을 가진, ~ 같은

- He's **childish.** 그는 (아이 같이) 유치해.
- It's **blackish.** 그건 거무스름해.

TIP '접미사 -ish'는 정말 다양하게 응용되므로 한번에 의미를 알 수 있는 단어가 아닌 경우 이해를 돕기 위해 단어와 ish 사이에 붙임표(-)를 넣어주기도 해요.

e.g. This is new-ish. 이건 거의 새 거야.

'접미사 -ish'의 다양한 의미

1. (시간 또는 나이가) 거의 ~인
2. ~의 성질을 가진, ~ 같은

Lesson 12

음성 강의 ▸

열심히 일한 동료가 승진했을 때 You deserve it!

동료가 승진했을 때
"넌 그럴 만해."는 영어로 뭐라고 할까?

애매한 영어

You worked hard.

VS

네이티브 영어

You deserve it.

최선을 다해 노력한 사람에게 좋은 일이 일어났을 때 **"당연히 그럴 만해!"**란 말을 하죠. 영어로는 **You deserve it!**이라고 합니다. deserve(~를 받을 만하다, ~ 당해야 마땅하다)는 열심히 일했으니 그걸 누릴 자격이 있다는 단어인데요. 반대로 안 좋은 상황에서도 쓰여요. 예를 들어, 일을 대충 하던 동료가 혼날 때 **You deserve it.**이라고 하면 **"넌 그래도 싸."**란 의미가 됩니다.

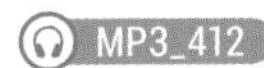

❶ 긍정적으로 ~를 받을 만하다, ~를 누릴 자격이 있다

- You **deserve** it! (상대에게 좋은 일이 일어났을 때) 넌 그럴 **자격이 있어**!
- I **deserve** it! 난 그걸 **누릴 자격이 있어**!

> TIP 전 종종 운동 후 제 자신에게 맛있는 음식을 선물하며 I deserve it!(열심히 운동했으니 그걸 누릴 자격이 있어!)이라고 합리화를 해요. 여러분도 열심히 영어 공부하고 있는 스스로에게 선물을 하며 I deserve it!을 말해보세요.

- I got a raise! 나 월급이 올랐어!
  You **deserve** it! (열심히 일했으니) 넌 **그럴 만한걸**!
- I studied hard, so I **deserve** this cake.
  난 열심히 공부했으니 이 케이크를 먹을 **자격이 있어**.

❷ 부정적으로 ~를 받을 만하다, ~를 당해야 마땅하다

- You **deserve** it! (상대에게 안 좋은 일이 일어났을 때) 넌 **그래도 싸**!
- I failed the test. 시험에서 떨어졌어.
  You didn't study at all! You **deserve** it.
  너 하나도 공부 안 했잖아! (당연히) **그럴 만하지**.

deserve의 다양한 의미

1. (긍정적으로) ~를 받을 만하다, ~를 누릴 자격이 있다
2. (부정적으로) ~를 받을 만하다, ~를 당해야 마땅하다

Lesson 13

상대가 나를 정말 기분 좋게 만들 땐 You made my day.

상대가 나를
정말 기분 좋게 만들 땐?

애매한 영어	네이티브 영어
You make me happy.	You made my day.

VS

상대가 내게 칭찬을 하거나 날 정말 기분 좋게 만들어줄 때 You made my day.란 표현을 자주 쓰는데요. 당신이 내 하루를 완성했다는 뉘앙스로 **"덕분에 정말 기분 좋아요."**라는 말입니다. 여기서 make를 쓰면 일회성이 아니라 상대가 늘 나를 기분 좋게 만든다는 뉘앙스로 강하게 느껴지니 주의해서 써야 해요.

❶ 내 하루를 완성했을 만큼 덕분에 정말 기분 좋은걸요.

- Thank you for the coffee. **You made my day.**
  커피 고마워. **덕분에 정말 기분 좋은걸.**

- You are my role model. 당신은 저의 롤모델이에요.
  Thank you. **You made my day.** 고마워. **덕분에 정말 기분 좋은걸.**

- **You made everybody's day.** 네 덕분에 모두 다 기분 좋아.

❷ 저녁에는 You made my night.

- Thank you for the compliment. **You made my night.**
  칭찬 고마워. **덕분에 오늘 밤 정말 기분 좋은걸.**

- You look beautiful in that dress. 네가 그 원피스 입은 모습이 정말 아름다워.
  Thank you. **You made my night.** 고마워. **덕분에 오늘 밤 정말 기분 좋은걸.**

상대가 나를 정말 기분 좋게 만들 때 쓰는 다양한 표현

1. 낮에는 You made my day.(덕분에 정말 기분 좋은걸요.)
2. 저녁에는 You made my night.(덕분에 오늘 밤 정말 기분 좋은걸요.)

Lesson 14

음성 강의 ▶ 

쓴 돈이 하나도 아깝지 않을 땐
It was worth every penny.

쓴 돈이 하나도 아깝지 않을 만큼
가치 있을 땐?

틀린 영어	네이티브 영어
It was very very valuable.	It was worth every penny.

VS

뭔가 가치 있었을 때 네이티브들은 It was worth ~란 표현을 자주 쓰는데요. 어떤 일에 **쓴 돈이 아깝지 않을 땐** 돈의 제일 작은 단위인 1센트(penny)도 아깝지 않을 정도라고 강조해서 **It was worth every penny.**라고 해요. **들인 시간이 아깝지 않았을 때**도 시간의 제일 작은 단위인 1초도 아깝지 않았다는 의미로 **It was worth every second.**라고 합니다.

❶ 쓴 돈이 아깝지 않을 만큼 가치 있을 때

- **It was worth** the money. 그건 돈을 **쓸 가치가 있었어.**

- How was your vacation? 휴가는 어땠어?
  It was worth every penny. (강조) 단 1센트도 아깝지 않을 만큼 **가치 있었어.**

- Did you enjoy the show? 쇼는 재미있었어?
  Not really. **It wasn't worth** the money. 아니 별로. 돈 **아까웠어.**

❷ 들인 시간이 아깝지 않을 만큼 가치 있을 때

- **It was worth** the time. 그건 시간을 **들일 가치가 있었어.**
- **It was worth** every second. (강조) 단 1초도 아깝지 않을 만큼 **가치 있었어.**
- **It was worth** the wait. 그거 기다릴 **만하더라.**

- How was the seminar? 세미나는 어땠어?
  It was worth every second. 1초도 아깝지 않을 만큼 **가치 있었어.**

It was worth ~의 활용법

1. 쓴 돈이 아깝지 않을 만큼 가치 있을 때
   It was worth the money. → (강조) It was worth every penny.
2. 들인 시간이 아깝지 않을 만큼 가치 있을 때
   It was worth the time. → (강조) It was worth every second.

Lesson 15

음성 강의 ▸  

온몸이 녹아버릴 듯 '정말 더울 땐'
It's melting.

온몸이 녹아버릴 듯
정말 더울 땐?

틀린 영어

I'm really hot.

네이티브 영어

It's melting.

VS

덥다고 할 땐 날씨(it)를 주어로 해서 It's hot이라고 해야지, I'm hot이라고 하면 '난 인기가 많다'라는 의미가 돼요. 그리고 **한여름에 정말 더울 땐** It's hot.보다 강조해서 **It's melting.**이라고 할 수 있는데요. 마치 **녹아내릴 듯이 덥다**는 의미로 자주 쓰이는 표현입니다.

❶ 온몸이 녹아버릴 듯 정말 더울 때

- It's **melting** out there. (현재 실내에 있음) 밖에 **정말 덥다.**
- It's **melting** out here. (현재 야외에 있음) 밖에 **정말 덥다.**

> TIP 덥다는 걸 강조할 때 melting을 쓴다면, 정말 추워서 꽁꽁 얼어버릴 것 같다고 강조할 땐 freezing을 써요.
>
> e.g. It's freezing. (온몸이 얼어버릴 듯) 정말 춥다.

- It's **melting** out there. (현재 실내에 있음) 밖에 **정말 덥다.**

  Yeah, here's some water. Stay hydrated.
  그러게. 여기 물 좀 마셔. 수분 보충 해야지.

> TIP 물을 많이 마시고 수분 보충 하라고 할 땐 Stay hydrated.라고 해요. 특히 날씨가 정말 덥거나 감기에 걸렸을 때 자주 쓰는 표현입니다.

❷ 정말 맛있어서 입 안에서 살살 녹을 때

- Try this. I made it from scratch. 이거 먹어봐. 내가 처음부터 직접 만든 거야.

  Wow. It **melts** in my mouth! 우와. (맛있어서) 입에서 **살살 녹는걸!**

melt의 다양한 활용법

1. 온몸이 녹아버릴 듯 정말 더울 땐 It's melting.
2. 정말 맛있어서 입 안에서 살살 녹을 땐 It melts in my mouth.

Lesson 16

You're the best.를 보면 떠오르는 의미는?

You're the best.를 보면
떠오르는 의미는?

애매한 영어	네이티브 영어
넌 최고야.	(네가 최고로 느껴질 만큼) 정말 고마워.

VS

친구나 동료에게 도움을 받으면 You're the best. **또는** You're an **angel.**이란 표현을 자주 씁니다. 그 정도로 큰 도움을 준 게 아니더라도 단순히 감사한 마음을 표현하는 인사로 흔히 써요. 우리말로 직역해서 "넌 최고야.", "넌 천사야."라고 생각하면 오글거리고 부끄러울 것 같지만, 네이티브들은 **"정말 고마워."** 정도의 인사로 생각하니까 부담 갖지 말고 사용해 보세요.

❶ You're the best.: 네가 최고로 느껴질 만큼 정말 고마워.

- **You're the best.** I mean it. **정말 고마워.** 진심이야.
- I want to say **you're the best.** **네가 최고라고** 꼭 말하고 싶어.

> TIP You're the best.는 "네가 최고야."란 뜻으로도 쓰일 수 있어요.

- I know you can do it. 네가 할 수 있다는 걸 알아.
  You're the best. **정말 고마워.**

> TIP "넌 할 수 있어."를 You can do it.이라고 해도 되지만, 앞에 I know(난 알아)를 넣어서 강한 믿음을 전달할 수 있어요.

❷ You're an angel.: 네가 천사처럼 느껴질 만큼 정말 고마워.

- **You're an angel.** I mean it. **정말 고마워.** 진심이야.
- Don't worry. I'm here for you. 걱정 마. 내가 여기 있잖아.
  You're an angel. **정말 고마워.**

"정말 고마워."의 활용법

1. You're the best.: (네가 최고로 느껴질 만큼) 정말 고마워.
2. You're an angel.: (네가 천사처럼 느껴질 만큼) 정말 고마워.

Lesson 17

"진심이야."는 I mean it.

I mean it.을 보면
떠오르는 의미는?

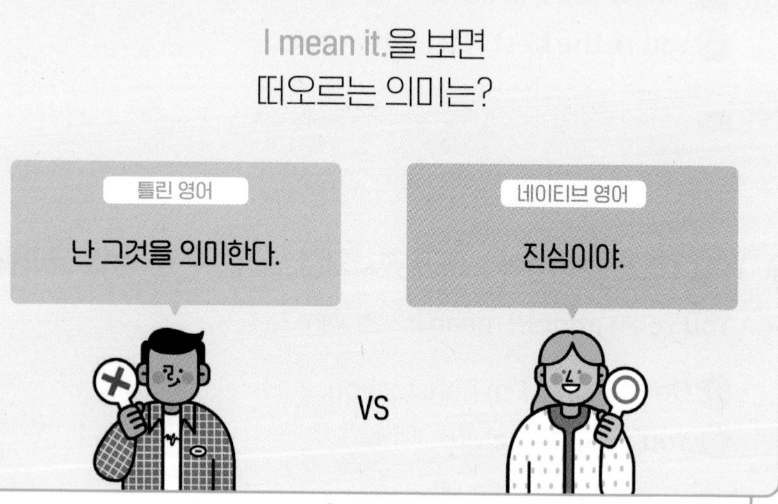

틀린 영어
난 그것을 의미한다.
네이티브 영어
진심이야.
VS

I mean it.을 직역하면 "난 그것을 의미한다."이지만, 의역하면 앞서 말한 게 빈말이 아니라 **'진심이다'**라는 뉘앙스로 쓰입니다. 과거에 한 이야기를 **"진심이었어."**라고 말하려면 mean의 과거형인 meant를 사용하여 **I meant it.**이라고 해요.

❶ I mean it.: 진심이야.

- You are beautiful inside and out. **I mean it.**
  넌 내면도 외면도 정말 아름다워. **진심이야.**
- I am grateful. **I mean it.** 정말 감사합니다. **진심이에요.**
- Thank you for everything. **I mean it.** 여러가지로 다 고마워요. **진심이에요.**

- You're gorgeous. [강조] 넌 정말 아름다워.
  Don't say so **unless you mean it.** 진심이 아닌 한 그런 말 하지 마.
  I mean it. 진심이야.

❷ I meant it.: 진심이었어.

- I really **meant it.** 정말 **진심이었어.**
- **I meant** everything I said. 내가 말한 거 다 **진심이었어.**

> TIP meant의 발음은 [멘ㅌ]입니다.

- **Did you mean** what you said? 네가 말한 거 **진심이었어?**
  I really **meant it.** 정말 **진심이었어.**

"진심이야."의 활용법

1. I mean it.: 진심이야.
2. I meant it.: 진심이었어.

Lesson 18

음성 강의 ▶

뭔가를 미치도록 좋아할 땐
I'm nuts about ~

I'm nuts about you.를
보면 떠오르는 의미는?

틀린 영어

난 너에 대한 땅콩이다...?

네이티브 영어

난 네가 정말 미치도록 좋아.

VS

I'm nuts about ~은 정말 재미있는 표현인데요. 다람쥐가 nuts(견과류)를 너무 좋아해서 입안에 한가득 넣는 것처럼 **뭔가를 정말 미치도록 좋아할 때 I'm nuts about ~**을 쓴다고 생각하면 돼요. nuts는 '견과류'라는 뜻 외에 crazy(미친, 미치도록 좋아하는)와 같은 의미가 있어요.

❶ 미친, 제정신이 아닌

- She is **nuts**. 그녀는 **제정신이 아니야**.
- This is **nuts**! 이건 **미쳤어**!/**말도 안 돼**!

> TIP nuts나 crazy는 주로 캐주얼한 상황에서 쓰여요. 좀 더 격식을 차린 상황에선 insane(제정신이 아닌) 또는 outrageous(말도 안 되는)를 쓰면 돼요.
>
> e.g. This is insane. 이건 말도 안 돼.
> This is outrageous. (너무 충격적이어서 어이없을 때) 이건 말도 안 돼.

❷ 미치도록 좋아하는, 열광하는

- I am **nuts** about her. 난 그녀가 **미치도록 좋아**.
- I am **nuts** about hiking. 난 등산가는 게 **미치도록 좋아**.
  Me too. 나도.
- I am **nuts** about your class. I mean it.
  전 당신의 수업이 **미치도록 좋아요**. 진심이에요.
  Aw, thank you. 어머, 고맙습니다.

nuts의 다양한 의미

1. 미친, 제정신이 아닌
2. 미치도록 좋아하는, 열광하는

Lesson 19

"어떻게 진행되는지 말해줘."는 Keep me posted.

진행 현황을
계속해서 알려 달라고 할 땐?

틀린 영어

Continue to let me know.

네이티브 영어

Keep me posted.

VS

일의 진행 상황이나 현황을 계속해서 알려 달라고 할 때 Keep me posted.를 자주 쓰는데요. 마치 블로그에 글을 포스팅 하는 것처럼 계속해서 알려 달라는 의미예요. **계속해서 업데이트 해달라**는 뉘앙스로 **Keep me updated.**도 같은 의미로 쓰입니다. 비지니스 영어뿐 아니라 일상 회화에서도 흔히 쓰는 말이니 잘 알아 두세요.

MP3_419

❶ 나에게 진행 현황을 알려 달라고 할 때

- **Keep me posted. = Keep me updated.** 진행 현황을 내게 계속 알려줘.
- Please **keep us posted.** 어떻게 진행되는지 저희에게 계속 알려주세요.

- I just got engaged! 나 이번에 약혼했어!

  Wow, congratulations! **Keep me posted** on your wedding! 우와, 축하해! (날짜, 장소 등) **어떻게 되는지 알려줘!**

❷ 누군가에게 진행 현황을 알려준다고 할 때

- I'll **keep you updated.** 진행 현황을 계속 알려드릴게요.

> TIP 특히 이메일에선 Keep me in the loop.도 자주 쓰여요. 비즈니스 이메일에서 쓰일 땐 일의 진행 상황을 알 수 있도록 "참조인에 추가해 주세요."란 의미입니다.

- Don't worry. I'll **keep them posted.**
  걱정 마. 내가 그분들에게 **진행 현황을 계속 알려드릴게.**

  You're an angel. 정말 고마워.

'keep+사람+posted'의 활용법

1. Keep me posted. = Keep me updated.: 나에게 진행 현황을 계속 알려줘.
2. I'll keep you posted.: 너에게 진행 현황을 계속 알려줄게.

Lesson 20

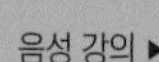

맛있는 음식이 당길 땐 I'm craving ~

피자가 당길 땐?

틀린 영어

I want to eat pizza very much.

VS

네이티브 영어

I am craving some pizza.

뭔가가 먹고 싶어서 당길 땐 '갈망하다'란 의미인 crave를 써서 **'I'm craving+대상'**이라고 하면 됩니다. 예를 들어, 피자가 당길 땐 I'm craving some pizza.라고 하면 되죠. 뭔가가 '좀' 당긴다는 뉘앙스로 some을 추가할 수도 있어요.

MP3_420

❶ ~가 당겨, ~를 간절히 원해

- **I'm craving** some pho. 나 베트남 쌀국수가 좀 **당겨**.
- **I'm craving** some sweets. 달달한 게 좀 **당기는걸**.

TIP 달달한 걸 좋아한다고 할 때 sweet tooth란 표현을 쓰는데요. I have a sweet tooth.(나 단 거 엄청 좋아해.)라고 하면 내가 단 걸 좋아하는 건 내 탓이 아니라 내 치아 탓이라는 뉘앙스죠. 반면 단 걸 별로 즐기지 않는 분들은 I don't have a sweet tooth.(난 단 거 안 좋아해.)라고 하면 됩니다.

- **I'm craving** some pasta. 나 파스타가 좀 **당기는걸**.
  Me too! We just clicked! 나도! 우리 방금 마음이 통했네!

TIP click은 '손발이 잘 맞다'란 의미가 있어요. 그래서 서로 마음이 통했을 때 We just clicked!(우리 방금 마음이 통했네!)라고 합니다.

- **I've been craving** ice cream all day.
  (지금도 먹고 싶음) 난 하루 종일 아이스크림이 **당겼어**.

TIP 지금 이 순간만이 아니라 과거부터 지금까지 쭉 그랬다는 지속성을 강조할 땐 현재완료 진행형(have been+-ing)을 쓰면 돼요.
e.g. I've been craving coffee all morning. 난 아침 내내 커피가 당겼어.

I'm craving ~의 활용법

1. I'm craving+대상: ~가 당겨 / ~를 간절히 원해
2. I'm craving some+대상: ~가 좀 당겨

다음 빈칸을 채우면서 Lesson 11~20에서 배운 내용을 복습해 보세요.

1 She is ________ .
그녀는 거의 서른 살쯤 됐어.

2 I studied hard, so I ____________ this cake.
난 열심히 공부했으니 이 케이크를 먹을 자격이 있어.

3 Thank you for the coffee. You _________ my ______ .
커피 고마워. 덕분에 정말 기분 좋은걸.

4 It was __________ every _________ .
단 1센트도 아깝지 않을 만큼 가치 있었어.

5 It's _____________ out there.
(현재 실내에 있음) 밖에 정말 덥다.

6 You're the ________ . I mean it.
(네가 최고로 느껴질 만큼) 정말 고마워. 진심이야.

7 Thank you for everything. I _________ it.
여러가지로 다 고마워요. 진심이에요.

8 I am _________ about her.
난 그녀가 미치도록 좋아.

9 Don't worry. I'll _________ them posted.
걱정 마. 내가 그분들에게 진행 현황을 계속 알려드릴게.

10 I'm ____________ some sweets.
달달한 게 좀 당기는걸.

정답 1 30ish 2 deserve 3 made / day 4 worth / penny 5 melting 6 best 7 mean 8 nuts 9 keep 10 craving

Culture Point

고마운 마음은 Thank you card로 전하기

크고 작은 도움을 받았을 때 그냥 말로만 고맙다고 하지 말고 카드로 마음을 표현해 보세요. 길게 쓴 편지가 아니더라도 작은 카드에 몇 마디만으로도 마음을 충분히 전할 수 있어요. 저도 미국 생활을 할 때 Thank you card를 적극 활용했는데요. 뭐라고 써야 할지 고민이 된다면 다음 문장들을 활용해 보세요. 굳이 화려한 말을 쓰지 않아도 충분하답니다.

Thank you for taking your time to meet with me today.
(만남 후) 오늘 시간을 내주셔서 고맙습니다.

Thank you so much for your wonderful gift.
멋진 선물을 주셔서 정말 고맙습니다.

Thank you so much for inviting me to ~.
~에 초대해 주셔서 고맙습니다.

Chapter 5

대화의 거리감을 좁혀주는 부드러운 영어 표현

Lesson 1 상대의 호의를 거절할 땐 No thanks. 보단 I'm good.

Lesson 2 상대가 아낌없이 베풀 땐 You're so generous.

Lesson 3 실망스러울 땐 That is disappointing.

Lesson 4 진심을 담아 얘기할 땐 I want to say ~

Lesson 5 누군가 실수로 내 자리에 앉았을 땐 I think you're in my seat.

Lesson 6 의도한 건 아니라고 변명할 땐 I didn't mean to ~

Lesson 7 정중히 요청할 땐 if possible(가능하다면)

Lesson 8 예민한 질문을 하기 전엔 If you don't mind me asking ~

Lesson 9 답변하기 곤란한 질문엔 I'm not comfortable with that question.

Lesson 10 내 취향이 아닐 땐 It's not for me.

Lesson 11 곰곰이 생각해볼 시간이 필요할 땐 Let me sleep on it.

Lesson 12 부드럽게 제안할 땐 Why don't you ~?

Lesson 13 정중하게 자기 소개를 할 땐 Allow me to introduce myself.

Lesson 14 처음 만난 상대를 반갑게 맞이할 땐 must be

Lesson 15 좋은 얘기를 많이 들었다고 할 땐 ~ speaks highly of you

Lesson 16 무슨 일로 전화했냐고 물어볼 땐 What is this regarding?

Lesson 17 '혹시 ~할 시간 있었어?'라고 물어볼 땐 Did you get a chance to ~?

Lesson 18 차근차근 설명해 달라고 할 땐 Please walk me through this.

Lesson 19 조금만 참고 기다려 달라고 할 땐 Please bear with me.

Lesson 20 부정적인 면을 부드럽게 완화시켜주는 tend to

Lesson 1

상대의 호의를 거절할 땐 No thanks.보단 I'm good.

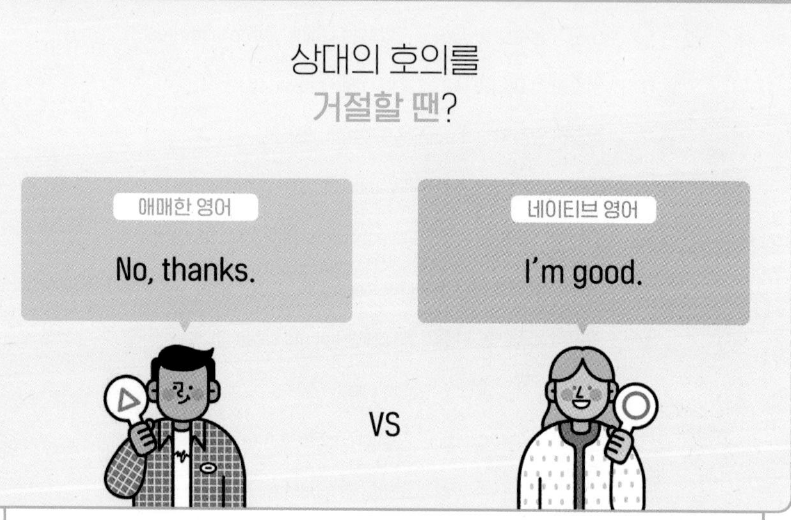

상대의 호의를
거절할 땐?
애매한 영어
No, thanks.
네이티브 영어
I'm good.
VS

상대의 호의를 거절할 때 No, thanks.가 틀린 건 아니지만, **I'm good.(괜찮습니다.)**이 더 부드럽게 느껴져요. 거절을 잘 하는 것도 대화에서 매우 중요합니다. No, thanks.라고 하면 너무 단호하게 느껴지기 때문에 상대가 무안하지 않게 I'm good.을 쓰세요.

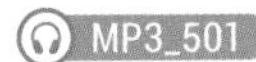

❶ 상대의 호의를 거절할 때

- Would you like something to drink? 마실 것 좀 드릴까요?
  I'm good. 괜찮습니다.

- Do you need a hand? 도와줄까?
  I'm good. Thank you though. **괜찮아.** 그래도 (물어봐줘서) 고마워.

> TIP I'm good.(괜찮습니다.) 뒤에 Thank you though.(그래도 고맙습니다.)를 넣으면 더 부드럽게 거절할 수 있어요.

- Would you like some coffee? 커피 좀 드릴까요?
  I'm good. Thank you though. **전 괜찮습니다.** 그래도 고맙습니다.

❷ 안부에 대한 답으로 잘 지낸다고 할 때

- How are you? 어떻게 지내?
  I'm good. How about you? **난 잘 지내지.** 넌 어떻게 지내?
  Same old, same old. 나야 늘 똑같지 뭐.

> TIP 안부를 물어보면 늘 I'm good.이나 I'm fine.만 쓰지 말고 가끔은 Same old, same old.(늘 똑같지 뭐.)도 활용해보세요.

I'm good.의 다양한 의미

1. 상대방의 호의를 거절할 때 "괜찮아요."
2. 안부에 대한 답으로 "잘 지내."

Lesson 2

음성 강의 ▶

상대가 아낌없이 베풀 땐 You're so generous.

상대가 아낌없이 베풀 때
감사 인사는?

애매한 영어	네이티브 영어
Thank you so much.	You're so generous.

VS

상대가 통 크게 비싼 걸 사주거나 아낌없이 베풀 때, 그 마음을 칭찬해주면 좋겠죠. 잘 베푼다는 것은 관대하다는 말이므로 중학교 때 외운 generous(관대한)를 써서 **You're so generous.**라고 하면 됩니다. 직역하면 "당신은 정말 관대해요."지만, 의역하면 **"(이렇게 베풀어 주셔서) 정말 고맙습니다."**가 됩니다.

MP3_502

❶ 상대가 베푼 호의에 대한 감사 인사로

- **You're so generous.** (베풀어 주셔서) 정말 고맙습니다.

> TIP 상대방이 관대하다는 의미로 you를 주어로 해도 되고, 어떤 상황이 고맙다는 의미로 that을 주어로 해도 돼요.

- I already paid for everything. 내가 이미 다 지불했어.
  Really? **You're so generous.** 정말? **진짜 고마워.**

> TIP so 대신 very를 넣어도 괜찮아요.
> e.g. You're very generous. (통 크게 베풀어 주셔서) 정말 고맙습니다.

❷ 상대의 호의가 부담스러울 때 거절하면서

- **That's too generous.** (너무 큰 선물이라) 받을 수 없어요.

> TIP so는 긍정적, too는 부정적인 뉘앙스로 쓰입니다.

- I got you a necklace. 너 주려고 목걸이 가져왔어.
  Thank you, but **that's too generous.** 고맙지만, **받을 수 없어.**

generous의 다양한 의미

1. 상대가 통 크게 베푼 호의에 대한 감사 인사로 You're so generous.
2. 상대의 호의가 부담스러울 때 거절하면서 That's too generous.

Lesson 3

음성 강의 ▶ 

실망스러울 땐
That is disappointing.

"실망스럽다."는
영어로 뭐라고 할까?

애매한 영어	네이티브 영어
You are disappointing.	That is disappointing.

VS

부정적인 말을 할 땐 가급적이면 주어로 You를 쓰지 않는 게 더 부드러워요. 실망스러운 상황에서 You are disappointing.을 쓰면 직접적으로 상대를 공격하는 말투가 되기 때문에 돌려 말하는 것이 필요합니다. 특정 상황이 실망스럽거나 기대에 못 미친다는 의미로 **This/That is disappointing.(이거/그거 실망스러운걸.)**이라고 말할 수 있어요.

MP3_503

❶ disappoint+사람: ~를 실망시키다

- Don't **disappoint** me. 날 **실망시키지** 마.
  I won't. 실망시키지 않을게요.
- I don't want to **disappoint** you, but I failed the test.
  널 **실망시키고** 싶지는 않은데, 나 시험에서 떨어졌어.

❷ 대상+be disappointing: ~가 실망스러운걸

- That **is disappointing.** 그거 **실망스러운걸.**
- This presentation **is disappointing.** 이 프레젠테이션 **실망스러운걸.**
- I don't want to **disappoint** you, but we can't go to the movies. 널 **실망시키려는 건** 아닌데 우리 영화 보러 못 가.
  Aw. That's very **disappointing.** 이런. 그거 정말 **실망스럽네요.**

'실망하다'의 다양한 표현

1. disappoint+사람: ~을 실망시키다
2. 대상+be disappointing: ~가 실망스러운걸

Lesson 4

음성 강의 ▸ 

진심을 담아 얘기할 땐
I want to say ~

진심을 담아
고맙다고 말할 땐?

틀린 영어

Sincerely speaking, thank you.

네이티브 영어

I want to say thank you.

VS

진심을 담아 얘기할 때 I want to say ~(~라고 꼭 말씀드리고 싶어요)를 정말 자주 쓰는데요. 예를 들어, I want to say thank you.라고 하면 "감사하다고 꼭 말씀드리고 싶어요."라는 의미입니다. 지금뿐만 아니라 **예전부터 쭉 말하고 싶었다고 더 강조**하려면 **I wanted to say thank you.(예전부터 꼭 감사하다고 말씀드리고 싶었어요.)**를 쓰면 됩니다.

❶ I want to say ~: ~라고 꼭 말씀드리고 싶어요

- **I want to say** sorry. = [구어체] **I wanna say** sorry.
  죄송하다고 **꼭 말씀드리고** 싶어요.

  It's okay. Everyone makes mistakes. 괜찮아. 누구나 다 실수를 하는걸.

> TIP 상대가 잘못을 뉘우칠 때 누구나 다 실수를 한다는 의미로 Everyone makes mistakes.라고 말해줄 수 있어요. 나를 관대하게 보일 수 있는 좋은 표현입니다.

❷ I wanted to say ~:
[강조] ~라고 예전부터 꼭 말씀드리고 싶었어요

- **I wanted to say** thank you for this opportunity.
  이 기회를 주셔서 감사드린다고 **예전부터 꼭 말씀드리고 싶었어요.**

- **I wanted to say** thank you. **예전부터** 감사드린다고 **꼭 말씀드리고 싶었어요.**

  Oh, it's nothing. 에이, 별거 아닌걸.

- I just **wanted to say** thank you for your help.
  도움 주셔서 감사드린다고 그냥 **예전부터 꼭 말씀드리고 싶었어요.**

  It's my pleasure. 도움이 된다니 기쁜걸요.

I want to say ~의 정확한 활용법

1. I want to say ~: ~라고 꼭 말씀드리고 싶어요
2. I wanted to say ~: (강조) ~라고 예전부터 꼭 말씀드리고 싶었어요.

Lesson 5

음성 강의 ▸ 

누군가 실수로 내 자리에 앉았을 땐
I think you're in my seat.

누군가 실수로
내 자리에 앉았을 땐?

애매한 영어

You're in my seat.

네이티브 영어

I think you're in my seat.

VS

누군가 실수로 내 자리에 앉았을 때 You're in my seat.(제 자리에 앉으셨어요.)이라고 해도 틀리지 않지만, **I think you're in my seat.(제 생각엔 제 자리에 앉으신 것 같아요.)**이 훨씬 더 부드러워요. 이처럼 상대의 실수나 잘못을 부드럽게 지적할 때 **문장 앞에 I think ~(제 생각엔 ~인 것 같아요)**를 넣으면 기분 상하지 않게 말할 수 있어요.

❶ 상대의 실수나 잘못을 부드럽게 지적할 때 I think ~

- **I think** you made a mistake. **내 생각엔** 네가 실수한 **것 같아**.

- **I think** you're in my seat. **제 생각엔** 제 자리에 앉으신 **것 같아요**.

  Oh, my bad. 앗, 죄송합니다.

TIP 예전에 영화 상영관을 잘못 들어가서 You're in my seat.이라고 우긴 적이 있었는데, 정말 민폐였어요. 여러분께 I think ~ 표현을 추천하는 건 단순히 상대의 실수를 지적하는 것 외에 내가 실수했을 수도 있기 때문이에요.

❷ 부정일 땐 I don't think ~

- **I don't think** I can make it to class today.
  오늘 수업에 가려고 했는데 **제 생각엔 못 갈 것 같아요**.

- **I don't think** the wi-fi is working. **제 생각엔** 와이파이가 **안 되는 것 같아요**.

  Hmm, **I think** you typed the wrong password.
  흠, **제 생각엔** 비밀번호를 잘못 입력하신 **것 같은데요**.

TIP I think wi-fi isn't working.이라고 해도 되지만, 네이티브들은 부정 표현을 앞에 쓰는 걸 좋아해요.

I think ~의 정확한 활용법

1. 상대의 실수나 잘못을 부드럽게 지적할 때 I think ~를 문장 앞에 붙이기
2. 부정일 땐 I don't think ~

Lesson 6

의도한 건 아니라고 변명할 땐
I didn't mean to ~

늦게 오려고
의도한 건 아니라고 변명할 땐?

애매한 영어

I didn't come late on purpose.

VS

네이티브 영어

I didn't mean to be late.

I don't mean to ~(난 ~을 의도하려는 건 아니야)는 **변명할 때 자주 쓰이는 표현**인데요. 일부러 늦으려는 건 아니라고 미리 말할 땐 I don't mean to be late, but…(일부러 늦으려고 하는 건 아닌데…)이라고 하고, 이미 늦은 후 변명할 땐 I didn't mean to be late, but…(일부러 늦으려고 한 건 아니었는데…)이라고 합니다.

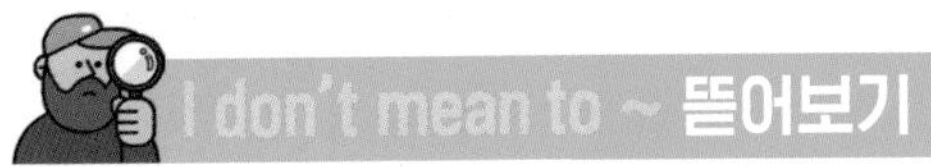

❶ I don't mean to+동사원형: 특정 일이 일어나기 전에 일부러 ~하려는 건 아니야

- **I don't mean to be late**, but I am stuck in traffic.
  일부러 늦으려는 건 아닌데 차가 막혀 꼼짝 못하고 있어.
- **I don't mean to interrupt**, but I have big news.
  방해하려는 건 아닌데 중요한 소식이 있어요.

TIP I don't mean to interrupt는 주로 상대가 다른 일을 하고 있는데 끼어들어야 할 때 써요.
e.g. I don't mean to interrupt, but someone's here. 방해하려는 건 아닌데 누가 왔어.

❷ I didn't mean to+동사원형: 특정 일이 일어난 후 일부러 ~하려는 건 아니었어

- **I didn't mean to be late**, but I was stuck in traffic.
  일부러 늦으려던 건 아니었는데 차가 막혀 꼼짝 못했어.
- I'm sorry. **I didn't mean to upset** you.
  미안해. 너를 속상하게 만들려던 건 아니었어.

I don't mean to ~의 활용법

1. I don't mean to+동사원형: (특정 일이 일어나기 전) 일부러 ~하려는 건 아니야
2. I didn't mean to+동사원형: (특정 일이 일어난 후) 일부러 ~하려는 건 아니었어

Lesson 7

음성 강의 ▶ 

정중히 요청할 땐 if possible(가능하다면)

여행할 때 호텔 측에
정중히 조용한 방을 요청할 땐?

애매한 영어

Quiet room, please.

VS

네이티브 영어

If possible, I'd like to request a quiet room.

의무는 아니지만 **혹시 가능한지 정중히 요청할 땐 if possible(가능하다면)을 문장 맨 앞이나 맨 뒤에** 붙여주세요. 정말 간단한 표현이지만 if possible이 들어가면 훨씬 더 정중히 부탁하는 어감이 되기 때문에 듣는 사람이 더 기분 좋게 받아줄 수 있어요.

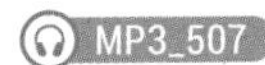

❶ 정중히 요청할 때 가능하다면

- **If possible**, could you give me a hand?
  가능하다면 저 좀 도와주실 수 있나요?

  Of course! 그럼요!

❷ 가능성을 언급할 때 가급적이면/될 수 있으면

- I'd love to help **if possible.** **될 수 있다면** 저도 정말 도움 드리고 싶어요.

- I'll try to come home early **if possible.**
  될 수 있으면 집에 일찍 오려고 노력해볼게.

  Sounds good. 좋아.

- I try to work out every day **if possible.**
  될 수 있으면 매일 운동하려고 노력해요.

  Wow! That's impressive. 우와! 정말 대단한걸요.

- Stop by there **if possible.** **될 수 있으면** 거기 들러 봐.

  OK. I'll try. 알았어. 노력해볼게.

if possible의 정확한 활용법

1. 정중히 요청할 때 '가능하다면'
2. 가능성을 언급할 때 '가급적이면/될 수 있으면'

Lesson 8

음성 강의 ▸ 

예민한 질문을 하기 전엔
If you don't mind me asking ~

상대에게 나이가 몇 살인지
조심스럽게 물어볼 땐?

틀린 영어
Excuse me.
How old are you?

VS

네이티브 영어
If you don't mind me asking, how old are you?

나이, 결혼 여부 등의 프라이버시를 건드리는 것에 특히나 예민한 미국인들은 실례가 될 만한 질문을 하기 전에 **If you don't mind me asking ~(이런 질문 드려도 될지 모르겠지만 ~)**으로 시작해요. 그러면 훨씬 더 조심스러운 말투가 됩니다. How old are you?처럼 대놓고 물어보면 곤란할 수 있는 질문도, If you don't mind me asking으로 물어보면 질문에 대한 거부감이 훨씬 더 줄어들어요.

If you don't mind me asking ~ 뜯어보기

MP3_508

❶ 예민한 질문을 하기 전 이런 질문 드려도 될지 모르겠지만 ~

- **If you don't mind me asking,** are you married?
  이런 질문 드려도 될지 모르겠지만, 결혼하셨나요?
- **If you don't mind me asking,** do you live in the neighborhood? 이런 질문 드려도 될지 모르겠지만, 이 동네에 사시나요?
- **If you don't mind me asking,** what do you do for a living?
  이런 질문 드려도 될지 모르겠지만, 하시는 일이 어떻게 되세요?
- **If you don't mind me asking,** how old are you?
  이런 질문 드려도 될지 모르겠지만, 몇 살이세요?
  I'm in my early 40s. 전 40대 초반입니다.

TIP 나이를 말할 때 초반은 early, 중반은 mid, 후반은 late이라고 합니다.

e.g. She is in her early 30s. 그녀는 30대 초반이야.
I am in my mid-20s. 난 20대 중반이야.
I am in my late 50s. 난 50대 후반이야.

If you don't mind me asking ~의 정확한 활용법

1. (예민한 질문을 하기 전) 이런 질문 드려도 될지 모르겠지만 ~

음성 강의 ▸

Lesson 9

답변하기 곤란한 질문엔 I'm not comfortable with that question.

상대가 내게 답변하기
곤란한 질문을 했을 땐?

애매한 영어

I don't want to answer that.

VS

네이티브 영어

I'm not comfortable with that question.

연봉, 종교, 정치적인 성향 등 답변하기 곤란한 질문엔 I'm not comfortable with that question.(그 질문에 답변 드리기가 불편하네요.)으로 난처한 입장을 부드럽게 표현할 수 있어요. 어떤 것에 언짢다는 감정을 드러낼 때는 I'm not comfortable with ~(전 ~가 불편해요)로 부드럽게 말하면 됩니다.

I'm not comfortable with ~ 뜯어보기

MP3_509

❶ (난처함) 전 ~가 불편해요

- How much money do you make a year? 넌 일년에 돈을 얼마나 벌어?
  I'm not comfortable with that question.
  (난처함) 그 질문에 답하긴 **곤란한걸.**

- Who's your favorite professor? Pick one.
  네가 제일 좋아하는 교수님이 누구야? 한 명 골라봐.
  I'm not comfortable with this situation.
  (난처함) 전 이 상황이 **불편하네요.**

❷ (싫음) 전 ~가 마음에 안 들어요

- **I'm not comfortable with** that excuse. (싫음) 난 그 변명이 **마음에 안 들어.**
- **I'm not comfortable with** that idea. (싫음) 난 그 아이디어가 **마음에 안 들어.**
- **I'm not comfortable with** that kind of language.
  (싫음) 난 그런 말투가 **마음에 안 들어.**

I'm not comfortable with ~의 정확한 활용법

1. (난처함) 전 ~가 불편해요
2. (싫음) 전 ~가 마음에 안 들어요

Lesson 10

음성 강의 ▶

내 취향이 아닐 땐 It's not for me.

내 취향이 아닐 땐?

애매한 영어

I don't like it.

VS

네이티브 영어

It's not for me.

사람마다 취향이 다 제각각이기 때문에 음식, 음료, 영화 등 뭔가가 나와 맞지 않을 땐 **It's not for me.(그건 내 취향은 아냐.)**라고 하면 돼요. I don't like it.(난 그거 안 좋아해.)이라고 해도 틀리진 않지만, 그 자체에 문제가 있는 게 아니라 그저 not for me(나를 위한 게 아닌)라는 뉘앙스로 좀 더 부드럽게 말하는 거죠. 반면 **완벽히 내 취향일 땐 It's perfect for me.**라고 하면 돼요.

❶ It's not for me.: (나와 안 맞을 때) 그건 내 취향은 아냐.

- How's your coffee? 커피 맛은 어때?
  Honestly, **it's not for me.** 솔직히 말해서 **그건 내 취향은 아냐.**
- Well, **it's not for me.** 음, **그건 내 취향은 아니야.**
  Then, why don't you try this one? (부드러운 제안) 그럼, 이걸 해보는 건 어때?

❷ It's perfect for me.: (나와 딱 맞을 때) 완벽히 내 취향이야.

- How's the movie? 영화는 어때?
  It's perfect for me. 완전 내 취향이야.
- How do you like your job? 일은 맘에 들어?
  It's perfect for me. 완전 제게 딱 맞아요.
- How was your trip? 여행은 어땠어?
  It was perfect for me. 완전 내 취향이었어.

'취향이다/아니다'의 정확한 표현

1. It's not for me.: 그건 내 취향은 아냐.
2. It's perfect for me.: 그건 완벽히 내 취향이야.

다음 빈칸을 채우면서 Lesson 1~10에서 배운 내용을 복습해 보세요.

1 I'm ________ . Thank you though.
전 괜찮습니다. 그래도 고맙습니다.

2 You're so ____________ .
(베풀어 주셔서) 정말 고맙습니다.

3 This presentation is ___________________ .
이 프레젠테이션 실망스러운걸.

4 I ________ _____ say sorry.
죄송하다고 꼭 말씀드리고 싶어요.

5 I _________ you're in my seat.
제 생각엔 그쪽이 제 자리에 앉으신 것 같아요.

6 I don't ________ _____ be late, but I am stuck in traffic.
일부러 늦으려는 건 아닌데 차가 막혀 꼼짝 못하고 있어.

7 _____ ____________ , could you give me a hand?
가능하다면 저 좀 도와주실 수 있나요?

8 If you don't ________ me ________ , are you married?
이런 질문 드려도 될지 모르겠지만, 결혼하셨나요?

9 I'm not _______________ with that question.
(난처함) 그 질문에 답하긴 곤란한걸.

10 Honestly, it's not ______ me.
솔직히 말해서 그건 내 취향은 아냐.

정답 1 good 2 generous 3 disappointing 4 want / to 5 think 6 mean / to 7 If / possible 8 mind / asking 9 comfortable 10 for

Vocabulary Point

정확한 뉘앙스를 모르면 해석이 안 되는 표현들

You're the best. 또는 You're an angel.처럼 정확한 뉘앙스를 모르면 해석이 어색해지는 표현들이 여럿 있는데요. 그중 네이티브들이 평소 가장 자주 쓰는 표현 3개만 알려드릴게요.

I doubt it.

직역 난 그것을 의심한다.

의역 (그런 일이 일어난다는 걸 의심하는 뉘앙스) 안 그럴걸.

I'm here for you.

직역 난 너를 위해 여기에 있어.

의역 (힘든 상황에서) 내게 의지해.

Technically

직역 기술적으로

의역 따지고 보면

Lesson 11

음성 강의 ▶

곰곰이 생각해볼 시간이 필요할 땐
Let me sleep on it.

곰곰이 생각해볼 시간이
필요할 땐?

틀린 영어

I need time to think carefully.

VS

네이티브 영어

Let me sleep on it.

중요한 결정을 내리기 전 생각할 시간이 필요할 땐 **Let me sleep on it.(심사숙고해볼게.)**을 자주 써요. 고민이 있을 때 하룻밤 자고 나면 상황이 명확히 보여서 결정하기 쉬워질 때가 있죠. 고민거리 위에서(on it) 자면서(sleep) 곰곰이 생각해보겠다는 의미예요. 반면 그 정도로 심각한 고민거리가 아닐 땐 **Let me think about it.(생각해볼게.)**을 쓰면 돼요.

MP3_511

❶ 쉽게 내리기 힘든 결정엔 sleep on it(곰곰이 생각해보다)

- **Let me sleep on it.** (충분히 시간을 갖고) 곰곰이 생각해볼게.
  Sure. I understand. 그럼. (심사숙고하고 싶은 마음) 난 이해해.

> TIP I'll sleep on it.도 틀리진 않지만, 시간을 달라는 의미로 Let me ~(~하게 해주다)로 시작하는 게 더 부드러워요.

- It's very expensive, and I don't know what to do.
  너무 비싸서 어떻게 해야 할지 모르겠어요.
  Well, **sleep on it.** 음, (충분히 시간을 갖고) 곰곰이 생각해보세요.

- **I slept on it.** (충분히 시간을 갖고) 곰곰이 생각해봤어.

❷ 비교적 덜 심각한 결정엔 think about it(생각해보다)

- What do you want for lunch? 점심 뭐 먹을래?
  Let me think about it. 생각해볼게.

'생각해보다'의 다양한 표현

1. (쉽게 내리기 힘든 결정엔) Let me sleep on it.(곰곰이 생각해볼게.)
2. (비교적 덜 심각한 결정엔) Let me think about it.(생각해볼게.)

Lesson 12

음성 강의 ▸

부드럽게 제안할 땐 Why don't you ~?

학교나 회사에서 잠깐 쉬고 하자고
부드럽게 제안할 땐?

애매한 영어

Let's take a break.

네이티브 영어

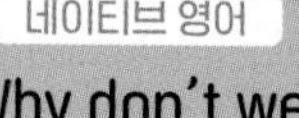

Why don't we take a break?

VS

나에게 결정권이 있을 때는 'Let's+동사원형(~하자)'을 주로 써요. 하지만 상대방의 결정도 중요한 경우에는 **'~하는 게 어때?'**라고 부드럽게 제안하는 표현으로 **'Why don't you+동사원형?'**를 써요. '네'가 하는 게 어떻냐고 제안할 때는 you, '우리'가 하는 게 어떻냐고 제안할 때는 we로 주어를 바꿔서 응용 가능합니다.

부드럽게 제안하는 표현 뜯어보기

MP3_512

❶ Why don't you+동사원형?: 너 ~하는 게 어때?

- **Why don't you** grab a bite to eat? 너 간단히 뭐 좀 먹는 **게 어때**?

TIP 재빨리 한 입(a bite) 먹고 올 정도로 식사를 간단히 하자고 할 때 grab a bite to eat을 써요.
e.g. Let's go grab a bite to eat. 가서 간단히 뭐 좀 먹고 오자.

- **Why don't you** join us for dinner? 우리와 같이 저녁 먹는 **게 어때**?
  That would be wonderful. 그럼 정말 좋겠다.

❷ Why don't we+동사원형?: 우리 ~하는 게 어때?

- **Why don't we** ask for help? **우리** 도움을 요청하는 **게 어때**?
- **Why don't we** wrap it up? **우리** 마무리하는 **게 어때**?
- **Why don't we** call it a day? **우리** 오늘은 여기까지 하는 **게 어때**?

TIP wrap up(마무리하다)이 회사에서 쓰일 땐 집에 간다는 보장은 없고 지금 하는 일을 마무리한다는 뉘앙스이지만, call it a day는 오늘 하루는 여기에서 끝내자는 의미입니다.

부드럽게 제안하는 표현

1. Why don't you+동사원형?: 너 ~하는 게 어때?
2. Why don't we+동사원형?: 우리 ~하는 게 어때?

Lesson 13

음성 강의 ▸

정중하게 자기 소개를 할 땐
Allow me to introduce myself.

정중하게
자기 소개를 할 땐?

애매한 영어

Let me introduce myself.

VS

네이티브 영어

Allow me to introduce myself.

자기 소개를 할 때 **Let me** introduce myself.(제 소개를 **할게요.**)라고 해도 괜찮지만, **격식을 차린 상황**에서 자기 소개를 할 땐 **Allow me to** introduce myself.(제 소개를 **하겠습니다.**)도 자주 써요. 상대의 허락을 받는 뉘앙스인 Allow를 쓰면 Let을 쓸 때보다 더 정중한 느낌이 나요.

MP3_513

❶ Let me+동사원형: (캐주얼함) ~할게요

- **Let me** introduce myself. 제 소개를 **할게요.**

❷ Allow me to+동사원형: (정중함) ~하겠습니다

- **Allow me to** introduce myself. 제 소개를 **하겠습니다.**
- **Allow me to** explain. 제가 설명해 **드릴게요.**
- **Allow me to** give you a ride home. 집까지 모셔다 **드릴게요.**
  That won't be necessary. 그러실 것까지 없어요.

❸ Please allow me to+동사원형: (가장 정중함) ~하고자 합니다

- **Please allow me to** introduce myself. 제 소개를 **해드리고자 합니다.**
- **Please allow me to** begin. 시작**하고자 합니다.**

'~하겠습니다'의 다양한 표현

1. Let me+동사원형: (캐주얼함) ~할게요
2. Allow me to+동사원형: (정중함) ~하겠습니다
3. Please allow me to+동사원형: (가장 정중함) ~하고자 합니다

Lesson 14

음성 강의 ▸

처음 만난 상대를 반갑게 맞이할 땐 must be

"당신이 Mike군요!"라고 처음 만난 상대를 반갑게 맞이할 땐?

틀린 영어

Is your name Mike?

네이티브 영어

You must be Mike.

VS

네이티브들은 처음 만난 상대를 반갑게 맞이할 때 **'You must be+사람 이름!(당신이 ~군요!)'**을 자주 쓰는데요. 익히 얘기를 들어서 이미 안다는 표현으로, 상대에게 특별한 대접을 받는 느낌을 줄 수도 있고 친해지는 속도도 더 빨라지게 합니다. 그 외에 must는 **'분명 ~하겠다'**라는 말로, 상대의 감정에 공감하는 의미도 나타내요.

MP3_514

❶ 격한 환영: 당신이 ~군요

- **You must be** Justin! 당신이 Justin**이군요**!

TIP 'You must be+사람 이름'을 쓸 때는 환영하는 말투와 미소가 정말 중요해요. 비꼬는 말투로 말하면 부정적인 뉘앙스로 느껴질 수도 있거든요.

- **You must be** Joel! It's nice to finally meet you in person.
  네가 Joel**이구나**! 드디어 직접 만나니 정말 반가운걸.

  Nice to meet you too! 나도 반가워!

❷ 위로: (상황을 이해한다는 뉘앙스) 분명 ~하겠다

- **You must be** tired. 너 피곤**하겠다**.

- I've been working late all week. 나 일주일 내내 야근했어.

  You must be exhausted. 정말 피곤**하겠다**.

- My parents are getting divorced. 부모님이 이혼하실 거래.

  It must be hard for you. 너 정말 힘들**겠구나**.

must의 다양한 의미

1. 격한 환영: 당신이 ~군요
2. 위로: (상황을 이해한다는 뉘앙스) 분명 ~하겠다

Lesson 15

음성 강의 ▸ 

좋은 얘기를 많이 들었다고 할 땐
~ speaks highly of you

"Luke에게 좋은 얘기 많이 들었어."
라고 할 땐?

애매한 영어	네이티브 영어
Luke told me a lot about you.	Luke speaks highly of you.

VS

처음 누군가를 만났을 때 **"~에게 좋은 얘기 많이 들었어요."**라고 말할 때가 있어요. 이럴 때 많은 분들이 ~ told me a lot about you를 쓰더라고요. 사실 이 표현은 단순히 얘기를 많이 들었다는 거지, 좋은 얘기를 들었다는 보장은 없어요. 그럴 땐 **~ speaks highly of you(~가 당신에 대해 좋은 얘기 많이 해요)**를 쓰세요. 누군가 나를 speaks highly of(높이 평가해 좋게 말하다) 한다는 건 좋은 말을 했다는 거니까요.

MP3_515

❶ ~ speaks highly of you: ~가 당신에 대해 좋은 얘기 많이 해요

- Everyone **speaks highly of you.** 다들 **당신에 대해 좋은 얘기 많이 하**더라고요.
- Everyone **speaks highly of you**, and I can see why.
  다들 **당신에 대해 좋은 얘기 많이 하**던데 왜 그런지 알겠어요.
- Ms. Marian **speaks highly of you.**
  Ms. Marian이 **당신에 대해 좋은 말씀 많이 하시더라고요.**
  Aw, really? She's so sweet. 어머, 정말요? 그분 참 다정하세요.

❷ ~ thinks highly of you: ~가 당신을 정말 좋게 생각해요

- He **thinks highly of you.** 그분이 **당신을 정말 좋게 생각하세요.**
- She **thinks highly of you.** 그녀는 **널 정말 좋게 생각해.**
  Really? Are you sure? 정말? 확실해?
  I'm 100% sure. 100퍼센트 확실해.

TIP 일상생활에서 늘 일어나는 일은 현재형 동사를 쓰죠. ~ speaks highly of you, ~ thinks highly of you도 한 번이 아닌 항상 좋은 말을 많이 하고 좋게 생각한다는 뉘앙스가 됩니다.

~ highly of you의 다양한 활용법

1. ~ speaks highly of you: ~가 당신에 대해 좋은 얘기 많이 해요
2. ~ thinks highly of you: ~가 당신을 정말 좋게 생각해요

Lesson 16

무슨 일로 전화했냐고 물어볼 땐 What is this regarding?

'무슨 일로 전화했냐'고
물어볼 땐?

애매한 영어

Why did you call me?

VS

네이티브 영어

What is this regarding?

무슨 일로 전화했는지 물어볼 때 Why did you call me?를 쓰면 "왜 전화 했어?"라는 의미가 너무 직설적인 느낌을 줘요. 대신 about 또는 regarding(~에 관하여)을 사용해서 **What is this about?** 또는 **What is this regarding?**이라고 쓰는 게 더 부드러워요. 이 표현은 전화 통화 외에도 이메일이나 대화 중 **"무슨 일이시죠?"**라는 의미로 쓸 수 있습니다.

❶ 격식을 차려서 What is this regarding?

- **What is this regarding?** 무슨 일로 전화/이메일 하셨나요?

> TIP regarding과 about은 둘 다 '~에 관하여/대하여'란 의미이지만 regarding이 더 격식을 차린 표현으로, 특히 회사에서 자주 쓰입니다.
>
> e.g. I have a question regarding your presentation. 프레젠테이션에 관하여 질문 있습니다.

- May I speak to Ian? Ian과 통화할 수 있을까요?
  He should be back in an hour. **What is this regarding?**
  한 시간 후에 돌아오실 건데요. **무슨 일로 전화하셨나요?**

- Are you free tonight? 오늘 저녁에 시간 있으세요?
  I'm sorry, but **what is this regarding?** 죄송한데 **용건이 뭔가요?**

❷ 캐주얼하게 What is this about?

- **What is this about?** 용건이 뭐야?

- Can I talk to you for a second? 잠깐 얘기 좀 할 수 있어?
  Sure. **What is this about?** 그럼. **무슨 일 때문에 그러는 거야?**

"무슨 일이시죠?/(전화, 이메일, 대화의) 용건이 뭔가요?"의 다양한 표현

1. (격식을 차려서) What is this regardinig?
2. (캐주얼하게) What is this about?

Lesson 17

음성 강의 ▶

'혹시 ~할 시간 있었어?'라고 물어볼 땐 Did you get a chance to ~?

"혹시 제 메일 읽어 볼 시간 있으셨나요?"라고 공손히 물을 땐?

틀린 영어

Did you read my email?

네이티브 영어

Did you get a chance to read my email?

VS

"혹시 제 메일 읽어볼 시간 있으셨나요?"라고 공손히 물어볼 땐 Did you get a chance to read my email?을 자주 써요. 단도직입적으로 물어보는 Did you read my email?(제 메일 읽으셨어요?)과는 뉘앙스가 확연이 달라요. **격식을 차린 상황이나 상대에게 부탁하는 입장**일 땐 꼭 **'Did you get a chance to+동사원형?(혹시 ~할 시간 있었어요?)'**을 써야 해요.

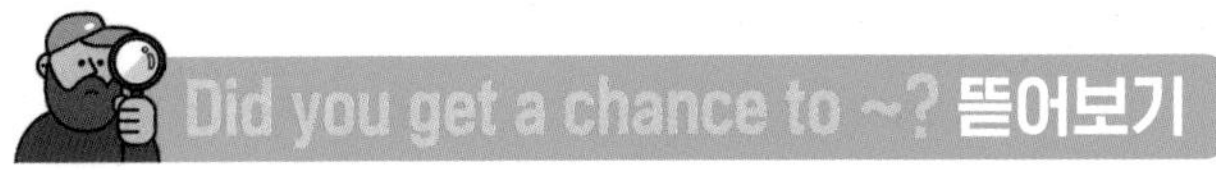

❶ 바쁘신 거 알지만 혹시 ~할 시간 있었어요?

- **Did you get a chance to** read my email?
  (바쁘신 거 알지만) **혹시** 제 메일 읽어**볼 시간 있으셨어요**?

  Actually, I'm reading it right now. 실은 지금 읽고 있어요.

- **Did you get a chance to** call him? **혹시** 그에게 전화**할 시간 있으셨어요**?

  Not yet. I'll call him after lunch. 아직요. 점심 먹고 전화할게요.

- **Did you get a chance to** look over the material?
  혹시 그 자료를 훑어**볼 시간 있었어**?

  Sorry. It slipped my mind. 미안해. 깜빡 잊어버렸어.

Did you get a chance to ~?의 정확한 활용법

1. (바쁘신 거 알지만) 혹시 ~할 시간 있었어요?

Lesson 18

차근차근 설명해 달라고 할 땐
Please walk me through this.

절차나 과정을
'차근차근 설명해 달라'고 할 땐?

틀린 영어

Please explain it to me.

네이티브 영어

Please walk me through this.

VS

마치 손을 잡고 천천히 걸어가듯이 **'절차나 과정을 차근차근 설명해 준다'**고 할 땐 **'walk+사람+through'**를 써요. 예를 들어, Could you walk me through this?(이것 좀 차근차근 설명해 줄 수 있어?)라고 하면 단순히 explain을 쓸 때보다 절차나 과정을 더 자세히 설명해줘야 하는 거죠.

❶ 내게 설명해 달라고 할 때

- Could you **walk me through** this? 이거 **제게 차근차근 설명해주실** 수 있나요?
- Please **walk me through** this. (절차 및 과정을) **제게 차근차근 설명해주세요.**
  I'd be happy to. 기꺼이요.
- Could you **walk us through** what happened?
  무슨 일이 있었는지 **저희에게 차근차근 설명해주실** 수 있나요?
  Sure. 그럼요.

❷ 내가 상대에게 설명해 줄 때

- Let me **walk you through** this. 이거 내가 **차근차근 설명해줄게.**
- Allow me to **walk you through** this. (공손함) 제가 **차근차근 설명해드릴게요.**
- Allow me to **walk you through** the process.
  제가 절차를 **차근차근 설명해드릴게요.**

'walk+사람+through'의 정확한 활용법

1. 내게 차근차근 설명해 달라고 할 땐 Please walk me through this.
2. 내가 상대에게 차근차근 설명해 줄 땐 Let me walk you through this.

Lesson 19

음성 강의 ▸

조금만 참고 기다려 달라고 할 땐 Please bear with me.

짜증내거나 화내지 말고
'조금만 참고 기다려 달라'고 할 땐?

틀린 영어

Please be patient.

네이티브 영어

Please bear with me.

VS

bear가 빛을 발하는 순간은 예상치 못하게 일이 지체되는 경우 상대에게 양해를 구할 때인데요. 예상치 못한 문제가 생겼을 때 **Please bear with me.(조금만 참고 기다려주세요.)**라고 하면 상대에게 잘못은 없지만 잠시 이해심 있게 참아 달라는 뉘앙스예요. 반면 be patient는 상대가 참을성 없이 굴 때 쓰는 표현이기 때문에 활용법이 달라요.

❶ 조금만 참고 기다려주세요.

- I'm new, so **please bear with me.**
  (익숙하지 않아 일을 버벅거릴 때) 제가 신입이라 **조금만 참고 기다려주세요.**

- **Please bear with me** for a second.
  (잠시만 기다려 달라는 걸 강조) 잠깐만 **참고 기다려주세요.**

- We're experiencing technical difficulties, so **please bear with us.** 현재 기술적 어려움이 있으니 **조금만 참고 기다려주세요.**
  No worries. Take your time. 걱정하지 마시고 천천히 하세요.

> TIP 갑자기 컴퓨터 등의 기술적인 어려움이 있을 때는 We're experiencing technical difficulties.라고 하면 됩니다. 좀 더 캐주얼하게 말할 땐 We're having some technical difficulties.라고 하면 돼요.

- **Please bear with me** as I walk you through the process.
  제가 이 과정을 차근차근 설명해드리는 동안 **조금만 참고 기다려주세요.**

Please bear with me.의 정확한 활용법

1. (대책을 마련하는 동안 이해심 있게) 조금만 참고 기다려주세요.

Lesson 20

음성 강의 ▸ 

부정적인 면을 부드럽게 완화시켜주는 tend to

"난 낯을 가리는 경향이 있어."를
영어로 뭐라고 할까?

틀린 영어

I am a shy person.

네이티브 영어

I tend to be shy when I first meet people.

VS

성격적인 단점이나 부정적인 면을 대놓고 말하는 대신 **tend to ~(~하는 경향이 있다)**를 함께 쓰면 표현이 더 부드러워져요. 예를 들어, She is lazy.라고 하면 늘 게으른 사람이란 의미이지만, She tends to be lazy.(그녀는 게으른 경향이 있어.)라고 하면 그녀는 게으를 때도 있고 그렇지 않을 때도 있다는 뉘앙스가 됩니다. 과하게 비판하지 않으면서 부정적인 내용을 부드럽게 이야기하는 거죠.

❶ tend to = have a tendency to: ~하는 경향이 있어

• I **tend to** procrastinate. 나는 (꼭 해야 할 일을) 미루는 **경향이 있어**.

TIP procrastinate는 '(꼭 해야 할 일을) 미루다'란 의미예요. 꼭 해야 하는 숙제를 미룰 때, 방 청소를 미룰 때, 보고서 작성을 미룰 때 등 정말 다양한 상황에서 쓸 수 있어요.

• I **tend to** be shy when I first meet people. 난 낯을 가리는 **경향이 있어**.
Really? I can't tell. 정말? 잘 모르겠는데.

• She **tends to** exaggerate. 그녀는 과장하는 **경향이 있어**.
I know. 그러게.

• I **tend to** sleep in on Sundays. 난 일요일에 늦잠 자는 **경향이 있어**.
Who doesn't? 누군들 안 그러겠어?

TIP Who doesn't?는 "누군들 안 그러겠어?"란 의미로, 능청스럽게 농담하거나 장난칠 때 자주 써요. be동사를 쓴 문장에서는 Who isn't?라고 해야 해요.

e.g. A: Who wants more wine? 와인 더 마실 사람 누구?
B: Who doesn't? (모두 원한다는 뉘앙스) 누군들 더 안 마시고 싶겠어?

부정적인 면을 부드럽게 완화시켜주는 tend to

1. tend to = have a tendency to: ~하는 경향이 있어

다음 빈칸을 채우면서 Lesson 11~20에서 배운 내용을 복습해 보세요.

1 Let me _______ _______ it.
(충분히 시간을 갖고) 곰곰이 생각해볼게.

2 _______ _______ we wrap it up?
우리 마무리하는 게 어때?

3 _______ me _______ give you a ride home.
집까지 모셔다 드릴게요.

4 You _______ _______ tired.
너 피곤하겠다.

5 Everyone _______ _______ of you.
다들 당신에 대해 좋은 얘기 많이 하더라고요.

6 What is this _______ ?
무슨 일로 전화/이메일 하셨나요?

7 _______ you _______ a chance to call him?
혹시 그에게 전화할 시간 있으셨어요?

8 Could you _______ me _______ this?
제게 차근차근 설명해주실 수 있나요?

9 Please _______ _______ me for a second.
(잠시만 기다려 달라는 걸 강조) 잠깐만 참고 기다려주세요.

10 I _______ _______ sleep in on Sundays.
난 일요일에 늦잠 자는 경향이 있어.

정답 1 sleep / on 2 Why / don't 3 Allow / to 4 must / be 5 speaks / highly 6 regarding
7 Did / get 8 walk / through 9 bear / with 10 tend / to

Vocabulary Point

음식이 맛없을 때 interesting을 쓴다고?

미국에 살 때 평소 한국 음식을 좋아하는 룸메이트를 위해 나름 열심히 한식을 만들어 주었는데요. 시식 후 룸메이트의 첫마디가 Um… It's interesting.이었어요. 그 순간엔 '어떻게 음식이 흥미로울 수 있지?'라고 생각했는데, 알고 보니 익숙치 않은 맛이나 특이한 맛에도 interesting을 쓰더라고요. 결국 제 음식이 맛없었단 거죠. ☹

interesting은 정말 호기심을 자극해서 흥미로운 것에도 쓰지만, 상황이나 말투에 따라 부정적인 뉘앙스가 될 수도 있어요. 가장 대표적인 상황 세 가지를 알려드릴게요.

1. 음식이 맛없을 때

It's interesting.

특이한 맛이네. / 평소 먹어보지 못한 맛이네.

2. 주변에서 쉽게 볼 수 없는 특이한 사람일 때

She's an interesting person.

그녀는 특이해/별종이야.

3. 예상치 못한 질문일 때

That's an interesting question.

그것 참 흥미로운/별난 질문이네요.

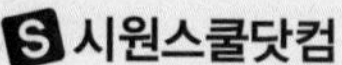
S 시원스쿨닷컴